Barbara Mercier

Die richtige Ernährung bei Krebs

100 wohlschmeckende

Anti-Krebsrezepte - schnell zubereitet

Rainer Bloch Verlag

Dringende Empfehlung: Lassen Sie sich vor jeder Unternehmung/Handlung von einem fachlich qualifizierten Arzt, Facharzt und/oder Heilpraktiker beraten.
Arbeiten Sie auch im Ausland nur mit dort zugelassenen und praktizierenden Fachkräften wie Ärzten und geprüften Heil-praktikern mit entsprechenden Referenzen. Investieren Sie lieber etwas mehr Geld in eine ordentliche Behandlung. Wir empfehlen grundsätzlich bei allen gesundheitlichen Problemen die Konsultation eines Arztes. Begeben Sie sich in medizinische Behandlung und lassen Sie sich von erfahrenen Ärzten helfen. Alle Texte in dieser Publikation dienen nur der Information. Sie sollten nicht als Handlungsempfehlung verstanden werden. Nur fachlich qualifizierte Kräfte können Ihre Situation bzw. Ihren Gesundheitszustand korrekt einschätzen bzw. beurteilen und geeignete Empfehlungen aussprechen.

Zur freundlichen Beachtung:

Die richtige Ernährung bei Krebs

100 wohlschmeckende Anti-Krebsrezepte - schnell zubereitet

Barbara Mercier

ISBN 978-3-942179-50-8

Rainer Bloch Verlag

1. Auflage, 01.10. 2019

Paperback DIN-A5

Druck: SOL-Service GmbH, Westendstraße 5, 86529 Schrobenhausen

Impressum:

Rainer Bloch Verlag, Schwetzinger Str. 4, D - 69469 Weinheim,

Webseite: www.Bloch-Verlag.de, buch@bloch-verlag.de

Inhalt

Inhalt ... 7
Vorwort ... 11
Lebensmittel gegen Krebs ... 13
Mit Kräutern Beschwerden lindern ... 13
Empfehlung für Ihre Speisen ... 15
Folgende Vitalstoffe sind sehr wichtig für Patienten ... 16
Was bewirken Vitalstoffe? ... 17
Industriell verarbeitete Lebensmittel meiden ... 18
Tipps zur Stärkung der Motivation zum Essen ... 19
Achtung! Gefahr! ... 21
Geeignete Rezepte für Patienten ... 23
Frühstück – der richtige Weg in den Tag ... 25
Haferflocken mit Mandeln ... 26
Müsli mit Feigen ... 26
Quark mit Beeren ... 27
Fruchtmischung mit Haferflocken ... 28
Müsli mit Erdbeeren und Kokosnuss ... 28
Quark mit Ei ... 29
Kokos Müsli mit Banane ... 30
Haferflocken mit Heidelbeeren ... 31
Quark mit Heidelbeeren ... 32
Salate – immer wieder gut und empfehlenswert ... 33
Couscous Pfirsich Salat ... 34
Sommer Bohnensalat ... 35
Bunter Salat mit Pilzen ... 36
Tomatensalat mit Pfirsich ... 37
Tomate Melonen Salat ... 38
Salat Mix mit Nudeln ... 39
Brokkoli Avocado Salat ... 40
Rosenkohl Salat mit Birne ... 41
Rote Bete Salat mit Käse ... 42
Gurkensalat mit Feta Käse ... 43
Bohnensalat mediteran ... 44
Avocado Salat mit Birne ... 45

Kohl Salat mit Tofu 46
Grünkohl Salat mit Samen 47
Mais Avocado Salat 48
Kartoffelsalat mit grünen Bohnen 49
Reis Salat mit Birne 50
Blumenkohl Salat mit Brokkoli 51
Spargel Salat mit Chinakohl 52
Linsensalat mit Gemüse 53
Reis Salat mit Orangen 54
Salat mit geröstetem Gemüse 55
Rotkohl Salat mit Orangen 56
Linsen Salat mit Apfel 57
Möhrensalat mit Kohl 58
Weißkohl Salat mit Apfel 59
Zucchini Nudelsalat 60
Reissalat mit Aprikosen 61
Grünkohl Salat mit rote Beete 62
Reissalat mit rote Beete 63
Nudelsalat mit Tomaten und Oliven 64
Grüne Bohnensalat mit Tomaten 65
Linsensalat mit Feta Käse 66
Quinoa Salat mit Kichererbsen 67
Gurken Tomatensalat mit Nektarinen 68
Bohnensalat mit Thunfisch 69
Spargel Reis Salat 70
Karottensalat mit Pfirsich 71
Rosenkohl Salat mit geröstetem Vollkornbrot 72
Rotkohl Salat mit Orangen 73
Kohl Salat mit Joghurt 74
Frischer Nudelsalat 75
Avocado Fisch Salat 76
Radicchio Salat mit Reis 77
Chinakohl Mango Salat 78
Hauptgerichte 79
Fischfilet mit Brokkoli und Senfsauce 79
Gemüsepfanne asiatisch 81

Blumenkohl Kartoffelauflauf 82
Rosenkohl mit Karotten in Dill 83
Räucherlachs mit Nudeln und Lauch 84
Spargel mit Zitrone 85
Vollkorn Nudelsalat mit Gemüse 86
Lachs mit Gemüsereis 87
Risotto mit Gemüse 88
Reis mit Gemüse 89
Reis mit Spinat 90
Ofenkartoffel mit Joghurt 91
Spinat mit Spiegelei 92
Champignons in Olivenöl 93
Avocado mediteran 94
Lachs mit Orangensalat 95
Spargeltoast mit Früchten 96
Putencurry mit Reis 97
Rindersteak mit Gemüse - Kartoffeln 98
Blumenkohl geröstet mit Pfirsich 99
Reispfanne mit Gemüse Mix 100
Rote - Bete gedünstet 101
Bratkartoffel mit Lachs 102
Frischer Frucht Mix 103
Heidelbeere Birne Quark 104
Frisches Beeren Joghurt 105
Omelette mit Ziegenkäse 106
Pfannkuchen mit Lachs und Käse 107
Rotkohl mit Birnen 108
Blumenkohl Auflauf 109
Pilz - Omelett 110
Pasta mit Pilzen 111
Kartoffelpfanne mit Gemüse 112
Linsen mit Pilzen und Weißkohl 113
Suppen – die Wohltat für Ihren Körper 115
Gurkensuppe 115
Hühnersuppe 116
Brokkoli Suppe 117

Kräftige Bohnensuppe 118
Hühnersuppe mit Reis 119
Weiße Bohnensuppe 120
Kräftige Gemüsebrühe 121
Kartoffel Pfirsich Suppe 122
Gemüse Suppe mit Knoblauch 123
Brokkoli Suppe 124
Dessert – die Seele isst auch mit 125
Heidelbeer Smoothie 125
Bananen Smoothie 126
Mousse au Chocolat 127
Erdbeere Shake 128
Brombeere – Himbeere Smoothie 129
Pfirsich Aprikosen Creme 130
Bananen Creme Noir 131
Sojamilch mit Beeren 132
Mango Frucht Mix 132
Birnen Smoothie 133
Apfel Smoothie 134
Pfirsich Smoothie 135
Aprikosen Smoothie 136
Limetten Smoothie 137
Pur Green Smoothie 138
Ergänzende Maßnahmen 139
Trinknahrung – nur im Notfall 140

Vorwort

Es ist unbestritten, dass der individuelle Lebensstil den Ausbruch bösartiger Krankheiten fördern kann. Ebenso haben Gene und Umweltfaktoren direkten Einfluss auf die Entstehung und den Verlauf einer Erkrankung.
Niemand kann bisher genau alle maßgeblichen Faktoren bestimmen, aber bei etwa 40% der Fälle spielt die Ernährung schon eine Rolle.

Nahezu jegliche Krebserkrankung erfordert eine passende Ernährung bzw. eine entsprechende Anpassung. Während bei der Strahlentherapie, je nach Intensität, eher weniger Probleme mit der Nahrungszufuhr entstehen, berichten Betroffene während und auch nach Chemotherapien immer wieder von massiven Schwierigkeiten, überhaupt genügend und ausgewogen essen zu können.

Nach umfangreichen Therapien sind eben nicht nur die bösartigen Zellen dezimiert worden. Es leiden unter anderem auch die Nerven (auch im Magen, Darmbereich), Speicheldrüsen und andere schnell wachsende Zellen (Schleimhaut, Haarzellen) unter den eingesetzten Zytostatika. Der Patient verliert teilweise seinen Sinn für Geschmack. Schleimhäute verlieren größtenteils ihre Funktion und müssen sich erst wieder neu bilden. Aber: eine Regeneration dieser Therapiefolgen ist möglich, aber keineswegs gesichert.

Eine Folge: Die Speisen schmecken anders, oft nach Pappe, nichts sagend, metallisch oder überzogen würzig, obwohl kaum gewürzt wurde. Andere entwickeln eine Unverträglichkeit für fettreiche Lebensmittel oder können nur noch kleine Mengen an Nahrung zu sich nehmen. Deshalb nehmen viele Patienten kontinuierlich ab, weil über einen längeren Zeitraum zu wenig gegessen wird, zu wenige Nährstoffe zugeführt werden. In diesen Fällen ist die Zufuhr von ergänzender Nahrung in Form von Pulver mit Fett, Kohlenhydraten, Eiweiß und Spurenelementen notwendig.
Gleichzeitig sollte der Patient darauf achten, die eventuell verbleibenden bösen Zellen nicht durch falsche Ernährung „anzufüttern".

Viele Formen der Erkrankung lassen sich mit geeigneten Lebensmitteln positiv beeinflussen. Das kann jeder Betroffene tun, soweit die empfohlene Nahrung vertragen wird. Auch hier gilt: beginnen sie mit kleinen Mengen und probieren Sie Lebensmittel Stück für Stück. Auf diese Weise können unverträgliche Speisen besser identifiziert werden.

Es werden viele Versuche folgen müssen, bis passende Kombinationen gefunden sind. Aufgrund der Therapie können sich auch Intoleranzen (Laktose, Fruktose) neu bilden. Patienten sollten sich auf turbulente Zeiten einstellen, denn was heute verträglich erscheint, muss es morgen nicht sein. Alles wechselt schnell. Es kann durchaus ein, dass Sie aktuell Fleisch oder Kartoffel mögen. Nächste Woche kann dieses Lebensmittel aber schon unerträglich riechen. Deshalb sollten Sie das essen, was Ihnen im Moment gut schmeckt und natürlich auch gesund ist.

Was einfach klingt, kann in der Praxis durchaus kompliziert sein, weil Planungen bezüglich der Nahrungsaufnahme bei vielen Therapien kaum möglich sind. Es ist daher wichtig, sich immer wieder Zeit zu nehmen und auf den eigenen Körper zu hören, der meistens klare Signale aussendet. Der Versuch einer möglichst gesunden Nahrungsaufnahme dürfte langfristig belohnt werden. Natürliche Lebensmittel können das Wohlbefinden nachhaltig unterstützen.

Ein Gewöhnen an frische und rohe Lebensmittel mag zu Anfang schwierig erscheinen. Mit der Zeit zeigt der Körper weniger „Anpassungserscheinungen“ mit vormals ungewohnten Speisen. Die Herausforderung einer angepassten Nahrungsaufnahme stellt viele Patienten vor scheinbar unlösbare Probleme, die aber bald verschwinden. Eine Umstellung der Ernährung auf wirklich gesunde Lebensmittel erfordert Geduld, lohnt sich aber, weil man oft nach einer gewissen Zeit über mehr Energie und Agilität verfügt.

Deshalb gilt: dabeibleiben und durchhalten!

Lebensmittel gegen Krebs

Die folgenden Lebensmittel sollten in unterschiedlicher Kombination möglichst täglich in den Speiseplan integriert werden. Dabei spielt Abwechslung eine große Rolle. Kombinieren Sie allerlei Variationen und garnieren Sie auch andere Speisen mit nützlichen Lebensmitteln gegen die Krankheit.

Knoblauch, Gelbwurz, Brokkoli, Ingwer, Möhren, Soja, Leinsaat, grüner Tee, Zwiebeln, Beeren, Granatapfel, Hafer, Gerste, Linsen, Bohnen, Gerste, Vollreis, Gurken, Kartoffeln, Zitrusfrüchte, dunkle Schokolade, dunkle Trauben bzw. Traubensaft, Apfel und Birnen.

Beeren (Erdbeeren, Himbeeren, Heidelbeeren, Brombeeren) sind hervorragende Vitamin Lieferanten. Gleichzeitig versorgen sie den Körper mit sekundären Pflanzenstoffen. Ähnliches gilt für Zitrusfrüchte, Mango, Papaya und Granatapfel.

Mit Kräutern Beschwerden lindern

Krebspatienten kämpfen mit einem angegriffenen Immunsystem, Magen-Darm-Beschwerden und einer erhöhten Infektanfälligkeit. Es gibt für den Körper praktisch immer etwas zu tun. Um den Einsatz sonstiger Medikamente wie Antibiotika und antivirale Mittel einschränken zu können, können Patienten mit natürlichen Hilfsmitteln wie Kräutern manche Beschwerden erfolgreich lindern.

Schon eine kleine Fensterbank reicht, um frische Kräuter anzubauen. Niemand braucht dafür einen Garten. Nur wenige Menschen wissen noch um die heilsame Wirkung der verschiedenen Kräuter. Auch wenn Sie unterwegs sind, sollten Sie stets einen kleinen Vorrat frischer Kräuter mitführen, um bei Bedarf kleine Beschwerden sofort bekämpfen zu können. Diese Hilfe kostet fast nichts und ist zudem mit keinerlei Nebenwirkungen verbunden. In Verbindung mit einem guten Essen oder einem Tee schmecken die Kräuter auch noch gut. Akute Fälle können Sie auf diese Weise natürlich nicht behandeln, aber dazu muss es auch nicht kommen, wenn Sie die Kräuter regelmäßig konsumieren.

Hier einige Beispiele:

Dill
Mit diesem Gewürz verfeinert der Koch den Gurkensalat. Es wirkt beruhigend auf die Bauchorgane und lindert Menstruationsbeschwerden.

Schnittlauch
Schnittlauch ist universell einsetzbar. Damit wird u.a. der Blutdruck gesenkt. Er wirkt auch schleimlösend, harntreibend und lindert Beschwerden bei Gicht.

Thymian
Thymian wirkt schleimlösend und hat sich bei Problemen mit den Atemwegen bestens bewährt. Wenn Sie eine Erkältung plagt, sollten Sie Thymian (z. B. in der Pasta) zu sich nehmen.

Petersilie
Petersilie hat eine belebende Wirkung, hilft gegen Müdigkeit und Appetitlosigkeit. Zusätzlich können Sie mit Petersilie Blähungen bekämpfen.

Melisse
Melisse wirkt krampflösend und entspannend. Sie wird bei Unruhe, aufkommenden Ängsten und Nervosität eingesetzt. Mit Melisse können Sie auch Verdauungsprobleme bekämpfen.

Salbei
Mit Salbei bekämpfen Sie schonend Bakterien, Viren und Pilze. Zusätzlich wird übermäßige Schweißbildung gemindert. Salbei wird bei Entzündungen des Zahnfleisches und Halsschmerzen eingesetzt.

Pfefferminze
Ein Tee mit frischer Pfefferminze schmeckt besonders gut. Bei Problemen mit der Galle und dem Magen wirkt sie krampflösend und antiviral. Ebenso ist eine beruhigende Wirkung festzustellen.

Empfehlung für Ihre Speisen

Essen Sie möglichst pro Tag mindestens 500 Gramm Gemüse. Zusätzlich sollten Sie Obst zu sich nehmen. Ideal sind 5 Portionen verteilt über den Tag.

Allerdings sollten die Obst Portionen eher kleiner sein.

Frisch ist die Devise: Bevorzugen Sie frische Lebensmittel, wobei schockgefrostetes Gemüse oft genauso gut, wenn nicht sogar besser als frische Ware vom Markt ist. Hier ist allerdings die fachkundige Auswahl sehr wichtig. Es gilt, Hersteller mit ausgereiftem Qualitätsmanagement zu bevorzugen, auch wenn die Ware etwas teurer sein sollte. Gleichfalls müssen Sie auf Zusatzstoffe achten. Niemand isst freiwillig Glutamat und ähnliches. Trotzdem sind diese Stoffe oft in Lebensmittelpackungen zu finden. Wählen Sie also bitte sorgfältig aus. Es dient Ihrer Gesundheit.

„Bio" ist das Stichwort. Kaufen Sie, falls möglich, direkt vom Erzeuger, den Sie kennen. Den Konsum von Fleisch gilt es zu reduzieren.
Wenn möglich, essen Sie Gemüse roh oder nur leicht angedünstet, um so viele nützliche Stoffe wie möglich zu erhalten und sich zuzuführen.

Karotten und Tomaten können gekocht werden. Dazu gehören kalt gepresste Öle (Rapsöl, Olivenöl, Leinöl) zur Aufnahme von gesundem Fett (Omega 3).

Krebspatienten benötigen vermehrt Eiweiß. Allerlei Nüsse, Bohnen und Linsen eignen sich hier besonders gut. Eiweiß Pulver kann auch zum Einsatz kommen, wenn ein akuter Mangel schnell behandelt werden muss.

Folgende Vitalstoffe sind sehr wichtig für Patienten

Vitamin C

Vitamin C wirkt entzündungshemmend, schützt die Zellen vor oxidativem Stress und stärkt das Immunsystem. Erkrankte benötigen erhöhte Dosen an Vitamin C, weil deren starker Verbrauch ausgeglichen werden sollte.

Vitamin D

Das Risiko, an Krebs zu erkranken, steigt bei einem Mangel an Vitamin D im Körper. Dies wurde wissenschaftlich nachgewiesen. Auch bereits Erkrankte profitieren von der Zufuhr dieses Vitamins.

Vitamin E

Es wirkt stark antioxidativ. Bevorzugen Sie natürliches Vitamin E.

Selen

Selen stärkt das Immunsystem. Der Stoff kann auch bei der Bewältigung von zahlreichenden Nebenwirkungen der Therapie helfen, indem die Folgen abgemildert werden.

Q10

Dieses Coenzym ermöglicht die Reparatur der Kraftwerke der Zellen (Mitochondrien). Somit gewinnen Sie wieder mehr Energie und die Müdigkeit wird bekämpft.

L-Carnitin

Aufgrund der Therapie entsteht oft eine Mangel. Durch die Zufuhr des Stoffs können Erschöpfung und Müdigkeit erfolgreich bekämpft werden.

Was bewirken Vitalstoffe?

Die köpereigene Abwehr wird gestärkt.

Freie Sauerstoffradikale werden bekämpft.

Die Entgiftung des Körpers wird gefördert.

Die Veränderungen von gesunden Zellen in bösartige Zellen wird gehemmt.

Das allgemeine Wohlbefinden wird langfristig gesteigert.

Immer berücksichtigen: Die einfachen Regeln für gesundes Essen

Industriell verarbeitete Lebensmittel meiden

Gönnen Sie dem Körper nur gute, frische Lebensmittel. Alle künstlich hergestellten Stoffe sollten nicht verzehrt werden. Es ist sehr wichtig, auf den Verpackungen auf zusätzliche Stoffe zu achten. Mittlerweile gibt es auch Hersteller von Fertiggerichten, welche komplett auf derartige Stoffe verzichten. In diesem Rahmen dürfen wir keine Empfehlungen geben, aber je weniger E - Nummern und künstliche Stoffe enthalten sind, desto besser.

Bunt ist gut

Je mehr Farben, desto besser.

Mit Früchten und Gemüse ist eine nährstoffreiche Ernährung gesichert. Frische oder schockgefrostete Ware sorgt für die notwendigen Vitalstoffe, Spurenelemente und Antioxidantien. Ein Teller sollte also möglichst viele frische Farben enthalten. Dann handelt es sich um empfehlenswertes, gutes Essen.

Flüssigkeit ist Trumpf

Ausreichend Trinken nicht vergessen! Dafür eignet sich Wasser mit Beilagen (Früchte). Ideal ist z.B. Wasser mit einem Spritzer Zitronensaft (Vitamin C, Magnesium, Kalzium).
Viel Flüssigkeit sorgt für Entgiftungsmöglichkeiten und für die einwandfreie Funktion der Organe unbedingt notwendig.

Selbst ist der Koch

Finger weg von Fertiggerichten. Selbst kochen ist angesagt, dann weiß man auch, was im Essen enthalten ist. Außerdem können jederzeit frische Zutaten verwendet werden.

Tipps zur Stärkung der Motivation zum Essen

Essen ist für Krebspatienten oft mit Problemen verbunden. Durch die anstrengende Therapie, umfangreiche Nebenwirkungen der Medikamente und die Auswirkungen der Krankheit fehlt der Appetit, oder gewisse Lebensmittel sind nicht mehr verträglich. Ein weiterer Punkt ist die Entwicklung des Geschmackssinns. Dieser verändert sich fast immer zum Nachteil des Patienten. Das bedeutet: vormals wohlschmeckende Speisen munden dann nicht mehr so gut, schmecken oft metallisch, überwürzt, scharf oder nach Pappe.

Fast alle Betroffenen nehmen im Laufe der Zeit ungewollt ab. Es ist daher äußerst wichtig, überhaupt regelmäßig zu essen und die orale Nahrungsaufnahme auch in schwierigen Zeiten beizubehalten.

Frische Lebensmittel wie Obst, Gemüse beinhalten viel Wasser. Deshalb werden solche Lebensmittel von Patienten gern verzehrt. Der Körper zeigt, was er im Moment dringend braucht: Vitamine, Spurenelemente und sekundäre Pflanzenstoffe. Durch die Krankheit verbraucht der Körper mehr Vitamine. Fast alle Erkrankten haben einen Vitaminmangel. Daher ist es äußerst sinnvoll, mehr frische Lebensmittel zu verspeisen und damit die Zufuhr von Vitaminen zu steigern.

Kleine Tricks und Verhaltensmaßnahmen können dazu beitragen, die Nahrung aufzunehmen, auch wenn es aktuell eher problematisch sein sollte.

Folgendes hat sich bewährt:

Stellen Sie in den Zimmern kleine Schälchen mit Nüssen, Mandeln oder ähnlichen (gesunden) Knabbereien auf. Bei Gelegenheit greifen Sie rein und essen kleinere Mengen.

Zwingen Sie sich nicht, bestimmte Mahlzeiten - oder zu bestimmten Zeiten zu essen, sondern bereiten Sie stets spontan das zu, was Ihnen gerade gefällt bzw. einfällt. Ihre Vorlieben können sich innerhalb von Minuten ändern, was völlig normal ist. Lassen Sie sich diesbezüglich nicht verunsichern oder verleiten. Nur Sie wissen, was ihnen aktuell bekommt.

Bevorzugte Lebensmittel sollten immer im Haus verfügbar sein.

Lassen Sie Speisen nicht zu heiß werden. Essen Sie lieber lauwarm, was die Speiseröhre und den Magen schont. Verwenden Sie geschlossene Töpfe, um starke Gerüche in der Küche möglichst zu vermeiden.

Zu den Mahlzeiten sollten Sie nicht zu viel trinken, um die Sättigung nicht durch Flüssigkeit zu erreichen.

Häufige kleine Mahlzeiten sind besser, als wenige größere Mengen.

Nach dem Essen sollten Sie immer die Zähne putzen.

Vorsicht ist bei Desserts angebracht. Sehr kalte Speisen sollten nicht gegessen werden.

Achtung! Gefahr!

Jetzt kommen wir zu den schlechten Dingen bzw. Verhaltensweisen, die aus dem Leben gestrichen werden sollten.

Folgende Verhaltensweise bzw. Einflussfaktoren begünstigen die Entstehung von Krebs:

Übergewicht

Rauchen

Konsum von Alkohol

Schadstoffe (etwa bei der Lebensmittelproduktion u. Schimmelpilze)

Schwermetalle in der Nahrung (Quecksilber, Blei)

Pestizide in der Nahrung

Vorwiegend ungesunde Ernährung

Zu wenig Bewegung, körperliche Aktivität

Viele Patienten leiden unter einem Vitalstoffmangel, der natürlich so bald wie möglich ausgeglichen werden muss.

Meiden Sie folgende Lebensmittel bzw. Genussmittel:

Zucker

Weißmehl

Fertiggerichte

Einfach Kohlenhydrate (weißer Reis, Nudeln, frittierte Kartoffeln, Pommes, Kroketten)

Wurst

Zu viel Käse

Mischbrot (Backmischungen)

Brötchen

Limonade

Cola

Erfrischungsgetränke mit Zucker bzw. Süßstoffen

Süßstoffe

Tee (aus unbekannter Herkunft aufgrund von Pestiziden)

Schokolade (unter 70% Kakaogehalt)

Nicht biologisch hergestelltes Gemüse, Obst (Pestizide)

Cracker

Kekse

Gebäck mit Zucker

Kuchen mit Zucker

Süßigkeiten aller Art

Eiscreme

Getränke mit Alkohol

Spirituosen

Sämtliche Drogen

Tabak

Geeignete Rezepte für Patienten

Geeignete Speisen für Patienten sind leicht bekömmlich, enthalten aber doch alle notwendigen Nährstoffe. Gleichwohl sollten die Gerichte nicht zu kompliziert in der Herstellung sein, denn nicht immer haben Patienten Hilfe im Alltag, sondern müssen sich das Essen selbst zubereiten. Das sollte dann schnell und mit herkömmlichen, überall verfügbaren Lebensmitteln möglich sein.

Selbstverständlich können Sie die Rezepte ergänzen, verfeinern oder auch nach ihrem Geschmack verbessern. Wir legen aber Wert auf leichte, unkomplizierte Gerichte, die im Alltag jederzeit zubereitet werden können, ohne dass man zusätzlich von Geschäft zu Geschäft gehen muss, um die Zutaten zu erhalten. Genau dies dürfte den wenigsten Patienten aufgrund der Schwäche durch die Krankheit und den Nebenwirkungen der Therapie möglich sein.

Deshalb gilt: Keep it simple.

Bei den Rezept - Zutaten werden Sie keinen Zucker finden, denn Zucker nährt die Krebszellen. Auch wenn erfahrene Onkologen nicht viel von einer Zuckerabstinenz halten: Verzichten sie im eigenen Interesse lieber auf Zucker. Eine süße Alternative ist z.B. Stevia.

Alle Rezepte können natürlich auch nach Ihren Wünschen oder Vorlieben verändert werden. Sie dienen lediglich als Leitlinie für eigene Kreationen. Lassen Sie also Ihrer Fantasie freien Lauf.

Frühstück – der richtige Weg in den Tag

Unter einem gesunden Frühstück stellen sich viele Patienten etwas anderes vor. Während einige bereits die wenig geeigneten Lebensmittel verbannt haben, kommen andere nicht von beliebten Brötchen mit Weißmehl oder ähnlichen lieb gewonnenen Speisen weg. Sicher ist nichts gegen Ausnahmen einzuwenden, wenn sie Ausnahmen bleiben.

Leider tritt der Gewöhnungseffekt bei ungesunden Speisen schnell ein und der Körper verlangt wieder solche Nahrung. Dies sollte unbedingt vermieden werden. Die Konzentration auf gesunde Alternativen ist nötig, auch wenn zuvor völlig anders gespeist wurde. Freunden Sie sich also mit Vollkornprodukten, Früchten und Gemüse an. Es bleibt nichts anderes, um die Gesundheit langfristig zu erhalten bzw. wieder zu erlangen.

Verwenden Sie keine gezuckerten Produkte! Vor allem bei fertigen Müslivarianten ist darauf zu achten, dass der Ware kein Zucker zugesetzt wurde.

Beginnen wir mit einem „Klassiker“

Haferflocken mit Mandeln

Zutaten:

200 g Haferflocken (Bio, grob oder fein nach Wahl)
30 g Mandeln
1 Naturjoghurt (10% Fett)
7 g Zimt
Etwas Minze

Die Haferflocken kommen mit den zuvor zerhackten Mandeln in eine Schüssel. Dann folgt der Naturjoghurt. Gut vermischen. Zimt einstreuen und wieder vermischen. Zum Schluss mit etwas Minze garnieren.

Müsli mit Feigen

Zutaten:

200 g 5-Kornflocken
80 g Mandeln
80 g Nüsse (nach Wahl)
2 EL Sesamsamen
2 EL Hanfsamen
1TL Zimt

150 g getrocknete Feigen
150 ml Olivenöl
1 Naturjoghurt (3,5% Fett)

Die Nüsse und Mandeln werden klein gehakt. Sie kommen zusammen mit den Flocken in eine Schüssel. Die Feigen werden klein geschnitten. Nun wird das Olivenöl und das Joghurt eingerührt. Es folgen der Hanfsamen und der Sesamsamen. Zum Schluss kommen die Feigen hinzu und anschließend noch der Zimt.

Quark mit Beeren

Zutaten:

170 g Speisequark (40% Fett)
80 g Sahne (fett)
100 g Heidelbeeren
100 g Himbeeren
1TL Zitronensaft

Den Quark mit Sahne in einer Schüssel gut vermischen. Dann kommen die Beeren hinzu. Einstreuen und ebenfalls wieder vermischen. Der Spritzer Zitronensaft zum Schluss gibt der Speise noch etwas Frische.

Fruchtmischung mit Haferflocken

Zutaten:

200 g Haferflocken (Bio – fein oder grob)
Ein halber Pfirsich
Eine Aprikose
Ein Naturjoghurt (3,5 % Fett)
60 ml Sahne
Ein halber Apfel
1TL Zimt

Den Pfirsich und die Aprikose waschen und klein schneiden. Der Apfel wird klein gerieben. Nun kommen Pfirsich, Aprikose und der geriebene Apfel in eine Schüssel. Dann werden der Naturjoghurt und die Sahne dazu gegeben. Alles gut vermischen. Anschließend wird der Zimt noch hinzugefügt und vermischt.

Müsli mit Erdbeeren und Kokosnuss

Zutaten:

200 g Fünfkornflocken (Bio)
200 g Erdbeeren
25 g Mandeln
Ein Naturjoghurt (3,5 % Fett)
60 ml Sahne
1TL Zimt
100 g Kokosnuss (am besten frisch)

Die Fünfkornflocken kommen mit den gehackten Mandeln und dem Naturjoghurt in eine Schüssel. Dazu wird die Sahne gegeben und dann gut vermischt. Dann werden die zerkleinerte (am besten geriebene) Kokosnuss, sowie der Zimt hinzugefügt und erneut vermischt.

Quark mit Ei

Zutaten:

170 g Speisequark (40% Fett)
80 g Sahne (fett)
Ein halber Apfel
1TL Zitronensaft
Ein Ei

Den Quark mit Sahne in eine Schüssel geben und gut vermischen. Dann den Apfel waschen und reiben. Dieser kommt mit dem Zitronensaft in die Masse.
Das Ei wird in einer kleinen Pfanne mit Öl angebraten und zusammen mit dem Quark serviert.

Kokos Müsli mit Banane

Zutaten:

250 g 5-Kornflocken
80 g Mandeln
80 g Nüsse (nach Wahl)
Eine Banane
2 EL Sesamsamen
2 EL Hanfsamen
1TL Zimt
100 g Kokosnussflocken
50 ml Kokosnussöl
100 ml Olivenöl
1 Naturjoghurt (3,5% Fett)

Die Banane schälen und in kleine Stücke schneiden. Die 5 - Kornflocken kommen mit den zerkleinerten Mandeln und Nüssen in eine Schüssel und werden vermischt. Dann werden Joghurt, Banane, Olivenöl, Kokosnussöl dazu gegeben und wieder vermischt. Es folgen Sesamsamen und Hanfsamen sowie der Zimt. Wieder leicht vermischen und dann servieren.

Haferflocken mit Heidelbeeren

Zutaten:

250 g Haferflocken
70 g Mandeln
70 g Nüsse (nach Wahl)
100 g Heidelbeeren
2 EL Sesamsamen
2 EL Hanfsamen
1TL Zimt
50 ml Sesamöl
100 ml Olivenöl
1 Naturjoghurt (3,5% Fett)

Die Mandeln und Nüsse werden zerkleinert. Sie kommen mit den Haferflocken, dem Olivenöl und Sesamöl in eine Schüssel und werden gut vermischt. Dann den Naturjoghurt, die Heidelbeeren und Zimt dazu geben und wieder vermischen. Den Sesamsamen und den Hanfsamen darüber verstreuen und servieren.

Quark mit Heidelbeeren

Zutaten:

170 g Speisequark (40% Fett)
80 g Sahne (fett)
100 g Heidelbeeren
1TL Zitronensaft
1 TL Hanfsamen
1 TL Sesamsamen

Den Quark mit Sahne in eine Schüssel geben und gut vermischen. Dann die Heidelbeeren waschen. Diese kommen mit dem Zitronesaft in die Masse. Anschließend den Hanfsamen und den Sesamsamen darüber verstreuen.

Auch beim Frühstück sollte auf den Konsum von genügend Flüssigkeit geachtet werden. Zu jeder Mahlzeit ein Glas Wasser zu trinken, ist ein guter Rat. Damit das Wasser auch schmeckt, können direkt gepresste Säfte verwendet werden. Es muss keine große Menge sein, aber der Saft wertet das Wasser auf und enthält wertvolle Inhaltstoffe. Man trinkt einfach leichter, wenn es gut schmeckt. Ideal sind Zitronen, Orangen, Apfel, Birne, Kirschen, Mango, Limetten und Grapefruit.

Salate – immer wieder gut und empfehlenswert

Frisch und lecker

Besonders geeignet für Patienten sind Salate. Sie sind frisch, erfordern in der Regel nicht viel Zeit bei der Zubereitung und enthalten viele nützliche Stoffe zum Aufbau des Körpers während und nach Krankheiten.

Dazu gehören u.a. alle Arten von Vitaminen, Spurenelementen und wichtigen sekundären Pflanzenstoffe, die mit Nahrungsergänzungsmittel in der nötigen Vielfalt kaum zugeführt werden können. Deren krebshemmende Eigenschaften wurden mehrfach nachgewiesen. Gönnen Sie sich also regelmäßige frische Salate und tun Sie Ihrem Körper auf diese Weise Gutes.

Buntes, frisches Essen ist gutes Essen!

Und: Salate können nicht kalt werden. Man kann sich also beim Essen viel Zeit lassen, eventuell unterbrechen und am nächsten Tag das Mahl fortsetzen. Salate ermöglichen beim Essen mehr Flexibilität, welche bei Erkrankten aufgrund aktueller Befindlichkeiten oft notwendig ist. Durch die Integration von gesunden Ölen (Olivenöl, Rapsöl, Leinöl) werden Konsumenten auch mit den nötigen Fetten (Omega 3) versorgt. Es ist keine schwere Kost, die ohnehin oft nicht vertragen wird.

Wichtig:
Verwenden Sie keine Sprossen. Das Immunsystem der meisten Krebspatienten ist geschädigt bzw. nur bedingt leistungsfähig. In Sprossen können sich hartnäckige Keime befinden, welche durchaus in der Lage sind, ernsthafte Probleme auszulösen. Es lohnt sich nicht, Infektionen zu riskieren. Deshalb gilt: Keine Sprossen für Patienten.

Nun zu den Salatrezepten:

Couscous Pfirsich Salat

Zutaten:

60g Couscous
250 g Pfirsiche (frisch)
10 ml Gemüsebrühe
30 g Käse
150 g Zucchini
Rapsöl
Pfeffer
Salz
Honig

Den Couscous kochen Sie zusammen mit der Gemüsebrühe im Topf. Pfirsiche und Zucchini werden in kleine Stücke geschnitten. Nach etwa 12 Minuten nehmen Sie den Topf von Herd, dessen Platte zuvor bereits auf kleine Stufe gestellt wurde und geben die Pfirsiche und Zucchini hinzu.
Der Käse wird nun ebenfalls dazugegeben und ausdauernd eingerührt. Nun können Sie mit Pfeffer und Salz würzen und noch etwas Honig einfließen lassen.

Sommer Bohnensalat

Zutaten:

Eine Dose Biobohnen gemischt (350 g)
Eine Gurke
200 g Tomaten (Cherry)
Eine Zehe Knoblauch
Eine Zwiebel
Petersilie
Salz
Pfeffer
Minze
2 EL Olivenöl
Zitronensaft

Die Gurken und Tomaten werden gewaschen und klein geschnitten. Sie kommen mit den Bohnen in eine Schüssel.
Die Zwiebel wird geschält und zerkleinert. Die Knoblauchzehe einfach zerdrücken und auch samt der Zwiebel in die Schüssel geben. Dann kommen noch Petersilie und Minze in die Schüssel. In einer weiteren Schüssel werden Olivenöl, Zitronensaft, Pfeffer und Salz vermischt. Nun gibt man das Dressing über den Bohnensalat und mischt noch einmal durch.

Bunter Salat mit Pilzen

Zutaten:

100 g Kopfsalat
50 g Feldsalat
50 g Rucola
50 g Eisbergsalat
80 g Zwiebeln
4 Tomaten
1 kleine Gurke
400 g Champignons
50 g magerer Schinken
Schnittlauch
Pfeffer
Salz
Rapsöl (1,5 Esslöffel)
Essig (0,5 Esslöffel)
Senf (1,5 Esslöffel)

Zuerst muss der Salat gut gewaschen und gewässert werden. Dann schneiden Sie die Salatblätter klein. Es folgen die Tomaten und die Zwiebel, die zunächst geviertelt und dann geachtelt werden.
Mit Essig und Öl macht man den Salat je nach Geschmack an und fügt noch etwas Senf hinzu, um noch eine andere Geschmacksnote zu integrieren.

Die Pilze bitte waschen und klein schneiden. Diese werden in der Pfanne mit etwas Öl und dem klein geschnittenen Schinken krossgebraten. Anschließend mit Pfeffer und Salz würzen. Diese Mischung geben Sie über den bereits angemachten Salat und fügen noch Schnittlauch hinzu. Der fertige Salat wird dann mit Bio Körnerbrot serviert.

Tomatensalat mit Pfirsich

Zutaten:

6 größere Tomaten
3 saftige Pfirsiche
60 g Mandeln
60 g Kopfsalat
60 g Eisbergsalat
Essig
Rapsöl
Olivenöl
Pfeffer
Senf
Salz
Kräuter

Tomaten und die Pfirsiche waschen und klein schneiden. Kopfsalat, Eisbergsalat ebenfalls waschen und zerkleinern.
Die Mandeln hacken Sie klein und rösten diese in einer kleinen Pfanne mit etwas Öl.
In einer Schüssel geben Sie etwas Essig, Olivenöl plus Salz und Pfeffer.
Dazu kommen noch ein wenig Senf und Wasser.
Gut durchmischen und dann den Salat sowie die Tomaten und Früchte dazu geben. Ordentlich mischen und dabei immer wieder etwas Kräuter hinzugeben.

Tomate Melonen Salat

Zutaten:

6 größere Tomaten
Eine halbe Melone
60 g Eisbergsalat
50 g Chinakohl
Rapsöl
Olivenöl
Pfeffer
Senf
Salz
Minze

Die Tomaten waschen und klein schneiden. Die Melone aufschneiden und klein schneiden. Eisbergsalat und den Chinakohl ebenfalls waschen und zerkleinern.
In einer Schüssel geben sie etwas Essig, Olivenöl plus Salz und Pfeffer. Dazu kommen noch ein wenig Senf und Wasser.
Gut durchmischen und dann den Salat sowie die Tomaten und Melone dazu geben. Ordentlich mischen und dabei immer wieder etwas Minze hinzugeben.

Salat Mix mit Nudeln

Zutaten:

150 g Kopfsalat
150 g Eisbergsalat
150 g Chinakohl
150 g Feldsalat
130 g Nudeln (Vollkorn)
Zwei Tomaten
Zwei Nektarinen
Pfeffer
Salz
Balsamico Essig
Olivenöl
Senf
Kräuter
Zitrone

Die Nudeln in Salz bissfest kochen und abschütten. Den Salat waschen und zerkleinern. Die Tomaten werden klein geschnitten. Die Nektarinen waschen und klein schneiden.
Nun geben Sie etwas Essig, Olivenöl, Salz, Pfeffer, Wasser und Senf in eine Schüssel und mischen gut durch. Dann wird der Salat mit den Nudeln hinzugegeben und angemacht. Bei Bedarf können Sie noch mit Kräutern verfeinern. Zusätzlich schneiden Sie eine Zitrone auf und pressen deren Saft über den Salat aus.

Brokkoli Avocado Salat

Zutaten:

Ein Kopf Brokkoli
Eine Avocado
3 EL Olivenöl
Essig
Zitronensaft
Salz
Senf
Pfeffer
25 g Sesamsamen

Den Brokkoli waschen und in Röschen zerteilen. Dann kommt er für etwa 7 Minuten in den Dampfgarer. Die Avocado schälen, in dünne Scheiben schneiden und diese mit etwas Zitronensaft bestreichen.
In eine Schüssel kommen Öl, etwas Wasser, ein kleiner Spritzer Essig und Senf. Gut durchmischen. Nun gibt man den Brokkoli und die Avocado hinzu. Dann noch Sesamsamen darüber streuen.

Rosenkohl Salat mit Birne

Zutaten:

400 g Rosenkohl
2 süße Birnen
Eine Zwiebel
Olivenöl
Essig
Pfeffer
Salz
Wasser
Senf
30 g Mandeln
30 g Käse (gerieben)

Den Rosenkohl waschen und in kleine Stücke reiben. Die Birnen werden entkernt, in kleine Scheiben geschnitten. In einer kleinen Pfanne rösten Sie die zuvor zerkleinerten Mandeln mit etwas Öl und Salz. Die Zwiebel schneiden Sie klein.
Dann kommt etwas Essig, Öl, Salz, Pfeffer, die Zwiebel, ein Esslöffel Senf und wenig Wasser in eine Schüssel. Gut durchmischen.
Der Rosenkohl wird nun hinzugegeben. Dann folgen die Birnen und das Ganze wird wieder gemischt. Zum Schluss streuen Sie die gerösteten Mandeln und den Käse über den Salat.

Rote-Bete-Salat mit Käse

Zutaten:

400 g rote Bete (fertig eingeschweißt)
40 g Ziegenkäse gewürfelt
Petersilie
2 EL Olivenöl
Senf
Pfeffer
Salz
Wasser
1 EL Essig (Apfel)
Mandeln
2 Naturjoghurt (3,5% Fett)
Kräuter

Die Mandeln zerkleinern und in der Pfanne rösten. Rote Bete waschen und klein schneiden.
Olivenöl, Senf mit etwas Essig, ev. Wasser und Joghurt mischen. Dann mit Salz und Pfeffer würzen. Die rote Bete in eine Schüssel geben. Das Dressing darüber verteilen und den Ziegenkäse sowie die gerösteten Mandeln und die Kräuter darüber verstreuen. Anschließend servieren.

Gurkensalat mit Feta Käse

Zutaten:

Eine große Gurke
Eine Zwiebel
80 g Feta Käse
Eine Zitrone (Saft herauspressen)
Olivenöl
Pfeffer
Salz
Dill

Die Gurke waschen und in kleine Scheiben schneiden. Den Feta Käse in kleine Würfel schneiden. Die Zwiebel schälen, in Würfel zerkleinern.
Alles zusammen kommt mit der Hälfte des Käses in eine Schüssel. Dann wird Dill hinzugefügt und gut vermischt. Ein wenig Olivenöl und den Saft der Zitrone darüber verteilen, mit Salz und Pfeffer würzen und erneut ein wenig Käse darüber verstreuen.

Bohnensalat mediteran

Zutaten:

250 g grüne Bohnen
250 g Kartoffel
150 g Nudeln (Vollkorn)
Eine Zwiebel
100 g Karotten
200 g Tomaten
Pfeffer
Salz
Essig
1 EL Zitronensaft
Olivenöl

Zuerst sollten die Kartoffeln geschält, zerkleinert und für etwa 17 Minuten mit Salz gekocht werden. Danach kochen Sie im selben Wasser die gekappten und in zwei Hälften geschnittenen grünen Bohnen für 5 Minuten. Die Karotten und Tomaten werden mit Öl in einer Pfanne leicht angedünstet.

Dann nehmen Sie die Bohnen heraus. Wieder im gleichen Wasser werden die Nudeln bissfest gekocht. Kartoffeln werden geviertelt und mit den Bohnen in eine Schüssel gegeben.

Dazu geben Sie die zerkleinerte Zwiebel und die Karotten dazu. Eine andere Schüssel dient zur Zubereitung des Dressings. Etwas Essig, Öl, Salz, Pfeffer, Zitronensaft und etwas Wasser werden gut vermischt. Dann kommt der Inhalt der ersten Schüssel (Kartoffel, Nudeln, Bohnen, Karotten, Tomaten, Zwiebeln) in die zweite Schüssel mit dem Dressing. Wieder gut mischen und dann servieren.

Avocado Salat mit Birne

Zutaten:

Eine Avocado
Eine Birne
150 g Eisbergsalat
Eine Zwiebel
Essig
2 EL Olivenöl
Pfeffer
Salz
Zitronensaft
Senf
Schnittlauch
1 EL Sesamsamen

Die Avocado wird geschält und in kleine Stücke geschnitten. Ebenso wird die gewaschene Birne in kleine Stücke geschnitten. Die Zwiebel schälen und klein schneiden. Den Eisbergsalat waschen, zerkleinern und zusammen mit der Avocado, der Zwiebel und der Birne in eine Schüssel geben und vermischen.
In eine weitere Schüssel etwas Wasser, Öl, etwas Essig, ein TL Zitronensaft und Senf nach Bedarf geben. Gut vermischen und den Unhalt in die Schüssel mit dem Salat geben. Dann wieder vermischen. Zum Schluss etwas Schnittlauch und den Sesamsamen darüber verstreuen.

Kohl Salat mit Tofu

Zutaten:

1 / 4 Weißkohl
180 g Reis (Vollkorn)
150g geräucherten Tofu
2 EL Olivenöl
Salz
Pfeffer
Sonneblumenkerne
Eine Zehe Knoblauch
Frischer Ingwer
1 EL Sojasauce
1 EL Reisessig
2 TL Sesam Öl

Erst wird der Reis mit viel Wasser und wenig Salz im Topf gekocht. Dann ölen Sie den zuvor geschnittenen Kohl mit Olivenöl ein und fügen etwas Salz hinzu. Etwa 10 Minuten stehen lassen. Schneiden Sie die Knoblauchzehe und den Ingwer sehr klein und geben sie die Masse mit jeweils etwa 1,5 Löffel Sojasauce, Reisessig und Sesamöl. Alles wird gut vermischt.
Alles über den Weißkohl geben und vermischen. Dann kommen der Tofu sowie der Reis hinzu. Noch mal gut vermischen und dann servieren.

Grünkohl Salat mit Samen

Zutaten:

Ein Bund Grünkohl
2 Karotten
Eine Paprika
Olivenöl
Salz
Pfeffer
1 Teelöffel Leinsamen
1 Teelöffel Hanfsamen
1 Teelöffel Sesam Samen
Essig
Senf

Den Grünkohl, die Paprika und die Karotten waschen, zerteilen und klein schneiden. Etwas im Dampfgarer mit Wasser dem Paprika und den Karotten garen. Grünkohl mit Olivenöl bestreichen, etwas Salz und Pfeffer hinzugeben.
Dann geben Sie etwas Essig, Öl und Senf in eine Schüssel und mischen mit wenig Wasser gut durch. Das Gemüse kommt in die Schüssel und wird dabei mit dem Dressing vermischt. Geben Sie nun die Samenkörner hinzu und vermischen noch einmal.

Mais Avocado Salat

Zutaten:

250 g Mais
150 g Tomaten
Eine Zwiebel
100 g Paprika
Eine Avocado
Schnittlauch
Olivenöl
Zitronensaft
Salz
Pfeffer
Kräuter
Minze
Senf

Den Mais in einer Pfanne mit Salz und Öl etwas anbraten. Die Zwiebel, Tomaten und die Paprika klein schneiden. Die Avocado wird ebenfalls in kleine Teile geschnitten. Schnittlauch waschen und zerkleinern.
In eine Schüssel kommen etwas Öl, Essig, Salz, Pfeffer, Zitronensaft und Senf plus Wasser. Gut durchmischen.
Dann Zwiebeln, Paprika, Tomaten, Avocado und Mais hinzugeben und noch einmal mischen. Den Salat mit frischer Minze garnieren und servieren.

Kartoffelsalat mit grünen Bohnen

Zutaten:

500 g Kartoffeln
100 g Linsen
200 g grüne Bohnen
Petersilie
3 Radieschen
Eine Zwiebel
Pfeffer
Salz
1 EL Essig
Dill
Senf
1 EL Olivenöl

Zuerst werden die Kartoffeln geschält, gereinigt und mit Salz in einem Topf gekocht. Dann kommen die Linsen in einen Topf zum Kochen (ca. 25 Minuten). Diese sollten weich sein, bevor man sie verwenden kann. Sobald die Kartoffeln fertiggekocht sind, bitte aus dem Topf nehmen und geschützt lagern.
Nun kommend die grünen Bohnen in den Topf und werden für etwa 3 Minuten gekocht. Danach herausnehmen und kühl lagern.

Die Radieschen schneiden und zusammen mit der bereits geschnittenen Zwiebel, etwas Essig, Öl, Salz, Senf und Pfeffer plus etwas Wasser in einer Schüssel gut mischen.
Kartoffeln Linsen und Bohnen nun hinzugeben und gut mischen. Dann noch etwas Dill einstreuen und servieren.

Reis Salat mit Birne

Zutaten:

220 g Reis
Etwas Rucola
120 g Kopfsalat
100 g Eisbergsalat
Olivenöl
Eine große Birne (süß)
1 Knoblauchzehe
Salz
Pfeffer
Essig
Zitronensaft
Mandeln
Geriebener Käse

Der Reis wird für etwa 15 Minuten mit Wasser und Salz im Topf gekocht. Inzwischen wird der Salat (Rucola, Eisbergsalat, Kopfsalat) gereinigt und geschnitten.
Nun kann in einer Schüssel die zerkleinerte Knoblauchzehe, etwas Essig, Öl, Salz, wenig Wasser und der Zitronensaft gemischt werden.
Die Mandeln leicht in einer kleinen Pfanne anrösten. Die Birne waschen und in kleine Scheiben schneiden. Geben Sie nun den Reis, den Salat und die Birne in die Schüssel mit dem Dressing und mischen gut durch. Dann streuen sie noch die gerösteten Mandeln und den geriebenen Käse ein.

Blumenkohl Salat mit Brokkoli

Zutaten:

150 g Blumenkohl
100 g Brokkoli
2 Karotten
Eine Paprika
Olivenöl
Salz
Pfeffer
1 Teelöffel Leinsamen
1 Teelöffel Hanfsamen
1 Teelöffel Sesam Samen
Essig
Senf

Den Blumenkohl mit den Brokkoli und den Karotten erst waschen, klein schneiden und leicht im Dampfgarer andünsten.
Die Paprika waschen in Scheiben schneiden.

In eine Schüssel, Öl, Essig, Wasser, Senf, Salz und Pfeffer geben und mischen. Dann den Blumenkohl, Brokkoli, Karotten und Paprika in die Schüssel geben und erneut mischen. Nun streuen Sie den Sesamsamen, Leinsamen und Hanfsamen ein. Anschließend servieren.

Spargel Salat mit Chinakohl

Zutaten:

400 grüner Spargel
500 g Chinakohl
Pfeffer
Salz
2 EL Essig
3 EL Olivenöl
1EL Zitronensaft
Senf
Eine Zehe Knoblauch

Den Spargel waschen und in einem großen Topf für etwa 5 Minuten kochen. Danach den Spargel herausnehmen und kühlen lassen. Den Chinakohl waschen und klein schneiden.
In eine Schüssel etwas Wasser, Salz, Pfeffer, Öl, Essig und Zitronensaft geben und vermischen. Nun kommen die abgekühlten Spargel zusammen mit dem Chinakohl in die Schüssel mit dem Dressing. Alles wird noch einmal vermischt und mit Pfeffer und Salz nachgewürzt.

Linsensalat mit Gemüse

Zutaten

120 g Linsen
6 Tomaten
Petersilie
2 Zwiebeln
Eine Hand voll Pistazien
Pfeffer
Salz
Kräuter
2 EL Olivenöl
1 EL Essig
Zitronensaft
25 g Geriebener Käse

Erst werden die Linsen für etwa 30 Minuten im Topf zusammen mit Salz gekocht. Zwiebeln schälen und klein schneiden.
Geschälte Pistazien in einer kleinen Pfanne kurz anrösten und dann in eine Schüssel mit den klein geschnittenen Tomaten, den Linsen und der ebenfalls geschnittenen Petersilie geben.

In einer zusätzlichen Schüssel etwas Wasser mit Salz, Öl, wenig Essig, Zitronensaft und Pfeffer geben du gut mischen.

Dann über die Linsen verteilen noch einmal mit Pfeffer und Salz würzen, falls notwendig. Anschließend den geriebenen Käse über das Gericht streuen und servieren.

Reis Salat mit Orangen

Zutaten:

250 g Reis (Vollkorn)
1 Orange (süß)
200 g Chinakohl
100 Kopfsalat
1 Tomate
Petersilie
Pfeffer
Essig
Senf
Salz
Olivenöl
2 Esslöffel Gepresster Orangensaft
2 Esslöffel getrocknete Heidelbeeren

Der Reis wird im Topf mit Salz und Wasser gargekocht (etwa 12-15 Minuten).
Es folgt das Reinigen und Schneiden des Chinakohls, des Kopfsalats und der Tomate. Die Orange wird geschält, gesäubert und in kleine Scheiben geschnitten.
Pfeffer, Salz, Wasser, Essig, Senf, Orangensaft und das Olivenöl in eine Schüssel geben und gut durchmischen. Dann mit Salz und Pfeffer noch nachwürzen, falls nötig. Anschließend den Reis, den Chinakohl, den Kopfsalat, die Tomate, Petersilie und die Orange in die Schüssel geben und mischen. Dann streuen Sie noch die getrockneten Heidelbeeren ein.

Salat mit geröstetem Gemüse

Zutaten:

200 g Kartoffeln
100 g Blumenkohl
100 g Chinakohl
70 g Paprika
100 g Karotten
2 Tomaten
Ein Naturjoghurt (10 % Fett)
Petersilie
Pfeffer
Essig
Senf
Salz
Olivenöl

Die Kartoffeln schälen und auf ein Backblech mit Backpapier geben. Den Blumenkohl, die Karotten und Paprika, waschen und in kleine Stücke schneiden. Die Kartoffeln nun mit Öl, Pfeffer und Salz einstreichen und bei 200 Grad im Ofen für 30 Minuten backen. Nach 17 Minuten den Ofen öffnen und das Gemüse auf das Backblech geben. Zuvor gut mit Pfeffer und Salz würzen.

Die Tomaten werden kleine geschnitten. Nun geben Sie Öl, Essig, Wasser, Senf, Salz und Pfeffer in eine Schüssel und mischen gut durch. Auf einer Platte Kartoffel, Gemüse anrichten, Joghurt dazu geben und das Dressing darüber geben. Petersilie klein geschnitten einstreuen.

Rotkohl Salat mit Orangen

Zutaten:

Ein halber Kopf Rotkohl
150 g Lauch
Eine Zwiebel
2 Orangen (süß)
100 g Heidelbeeren
2 EL Olivenöl
Salz
Pfeffer
1 EL Essig
Senf
Kräuter
Petersilie
Minze
Prise Zimt

Den Rotkohl waschen und klein hobeln. Die Orangen schälen (Kerne entfernen) und in Scheiben schneiden. Petersilie und Lauch klein schneiden. Die Heidelbeeren gut waschen. Alles zusammen mit der Minze in eine Schüssel geben.
In einer anderen Schüssel das Dressing mit wenig Essig, Wasser, Öl, Pfeffer und Salz mischen.
Danach den Inhalt der ersten Schüssel in die zweite Schüssel geben und gut mischen. Etwas für 20 Minuten stehen lassen. Dann eine Prise Zimt einstreuen und servieren.

Linsen Salat mit Apfel

Zutaten:

350 g Linsen
2 Äpfel (eher süß) nach Wahl
Essig
Olivenöl
Pfeffer
Salz
2 Zehen Knoblauch
3 Selleriestangen
Petersilie
30g Mandeln
Zitronensaft
Senf
2 EL Honig

Die Linsen in einem großen Topf mit Wasser für ca. 30 Minuten kochen. Den Sellerie waschen, klein schneiden und mit Olivenöl bestreichen. Die Äpfel gut waschen, abtrocknen und klein schneiden.

Die Mandeln zerkleinern und in einer kleinen Pfanne kurz anrösten. Öl, Essig, Wasser, Honig, Senf, Zitronensaft, Knoblauch, Pfeffer, Salz und Petersilie gut in einer Schüssel vermischen.

Dann die Linsen, Sellerie und Äpfel in die Schüssel geben und erneut mischen. Eventuell nachwürzen mit Salz und Pfeffer. Die Mandeln über den Salat streuen und servieren.

Möhrensalat mit Kohl

Zutaten:

3 Karotten
350 g Chinakohl
2 rote Zwiebeln
30 g Mandeln
20 g Sesamsamen
Olivenöl
Frische Ingwerknolle
Essig
Senf
Honig
Pfeffer
Salz
Sojasauce
Sesamöl

Die Karotten waschen und längs in kleine Streifen schneiden. Den Chinakohl waschen und ebenfalls längs in Streifen schneiden. Beides in eine Schüssel geben. Dann die Sojasauce und den geriebenen Ingwer (50 g) hineingeben.

Nun in eine weitere Schüssel Essig, Salz, Pfeffer, Öl, etwas Wasser, Honig (1 TL) geben und gut mischen. Karotten und Chinakohl in die Schüssel mit dem Dressing geben und mischen.

Die Mandeln und den Sesamsamen in einer kleinen Pfanne kurz anrösten und auf dem Salat verstreuen.

Weißkohl Salat mit Apfel

Zutaten:

Ein halber Weißkohl
150 g Lauch
Eine Zwiebel
2 Äpfel (süß)
100 g Heidelbeeren
Olivenöl
Salz
Pfeffer
Essig
Senf
Kräuter
Petersilie
Minze
Prise Zimt

Den Weißkohl waschen und klein hobeln (wie oben).
Petersilie und Lauch klein schneiden. Die Heidelbeeren gut waschen. Die Äpfel waschen, gut mit einem sauberen Tuch abwischen und in Scheiben schneiden. Alles zusammen mit der Minze in eine Schüssel geben.
In einer anderen Schüssel das Dressing mit wenig Essig, Wasser, Öl, Pfeffer und Salz mischen.

Danach den Inhalt der ersten Schüssel in die zweite Schüssel geben und gut mischen. Etwa für 20 Minuten stehen lassen. Dann eine Prise Zimt einstreuen und servieren.

Zucchini Nudelsalat

Zutaten:

2 Zucchini
300 g Tomaten (Cherry) nach Wahl
30 g geriebener Käse
25 g Haselnüsse
Eine Zehe Knoblauch
Pfeffer
Senf
Salz
Zitronensaft
Basilikumblätter

Zucchini waschen und mit kleinen Streifen schneiden. Die Tomaten auch waschen und vierteln.

In eine Schüssel kommen nun Öl, Essig, etwas Wasser, Senf, Zitronensaft, Pfeffer, Salz und die zerdrückte Knoblauchzehe. Alles gut mischen.

Die Zucchini - Nudeln in eine Schüssel geben. Dann die Tomaten, Basilikum Blätter und den geriebenen Käse dazu geben und mischen. Nun wird das Dressing darüber verteilt und locker vermischt. Die Haselnüsse kurz in einer Pfanne anrösten und darüber verstreuen.

Reissalat mit Aprikosen

Zutaten:

250 g Reis (Vollkorn)
2 Aprikosen
1 Tomate
Eine Zwiebel
1 EL Essig
2 EL Olivenöl
Zitronensaft
Pfeffer
Salz
Minze
Petersilie
2 TL Sesamsamen

Den Reis für etwa 15 Minuten im Topf mit Wasser und Salz kochen. Die Aprikosen sowie die Tomate waschen und klein schneiden. Die Zwiebel schälen und zerkleinern.
In eine Schüssel kommen Öl, Essig, Wasser, Salz, Pfeffer, Zitronensaft, Petersilie und Minze. Das Ganze wird gut vermischt. Der Reis mit Aprikosen und die Tomate werden in die Schüssel gegeben und ebenfalls vermischt.
Vor dem Servieren noch mit Sesamsamen bestreuen.

Grünkohl Salat mit roter Beete

Zutaten:

250 g Grünkohl
Eine Karotte
Eine rote Beete
Eine Zehe Knoblauch
Honig
Pfeffer
Salz
Olivenöl
Senf
Zitronensaft

Der gewaschene Grünkohl kommt zusammen mit dem Zitronensaft, etwas Olivenöl und Honig in eine Schüssel. Alles mischen, den Kohl ein wenig reiben, sodass er weicher wird. Dann marinieren lassen.

Eine weitere Schüssel nehmen und Pfeffer, Salz, Senf, wenig Wasser, Öl, den zerdrückten Knoblauch und Zitronensaft hineingeben und mischen.
Das Dressing über den Grünkohl verteilen. Rote Bete waschen und klein reiben. Die Karotte ebenso klein reiben und beides über den Salat verteilen.

Reissalat mit roter Beete

Zutaten:

220 g Reis (Vollkorn)
2 rote Beete
30 g getrocknete Heidelbeeren.
Olivenöl
Pfeffer
Salz
Senf
Petersilie
60g Feta Käse
Ein Esslöffel Sesamsamen
Essig (Balsamico)
Eine Zehe Knoblauch

Erst wird der Reis im Topf mit Salz und Wasser gargekocht.
Die rote Bete schälen, in kleine Scheiben schneiden und auf dem Backblech mit Olivenöl bestreichen, mit Salz und Pfeffer würzen und bei 180 Grad im Backofen 35 Minuten rösten.
Essig, Salz, Öl, etwas Wasser, Senf, zerdrückter Knoblauch in eine Schüssel geben und gut mischen.
Den Reis geben Sie nun mit den Heidelbeeren und der klein gehackten Petersilie in die Schüssel und mischen durch. Dann folgt die rote Bete. Der Feta Käse wird mit dem Sesamsamen darüber verteilt.

Nudelsalat mit Tomaten und Oliven

Zutaten:

300 g Nudeln (Vollkorn)
220 g Tomaten (Cherry)
Eine Zwiebel
1 rote Paprika
70g schwarze Oliven (eingelegt)
Basilikumblätter
Eine Zehe Knoblauch
1 EL Essig
2 EL Olivenöl
Zitronensaft
Pfeffer
Salz
Minze
Petersilie

Die Nudeln werden für ca. 12 Minuten im Topf mit Wasser und Salz plus etwas Öl gekocht. Dann in eine Schüssel geben.
Die Tomaten waschen und klein schneiden. Die Zwiebel schälen und klein schneiden.
In eine Schüssel kommen Öl, Zitronensaft, die zerdrückte Knoblauchzehe und 3 Basilikumblätter. Alles gut vermischen und dann über die Nudeln geben. Jetzt kommen die Tomaten, die Zwiebel, die Paprika und die Oliven hinzu und werden unter die Nudeln gemischt. Bei Bedarf noch mit Salz und Pfeffer würzen und servieren.

Grüne Bohnensalat mit Tomaten

Zutaten:

220g Grüne Bohnen
250 g Cherry Tomaten
Eine Zwiebel
30 g Oliven
100 g Mozarella
Salz
Pfeffer
Olivenöl
Schnittlauch
Zitronensaft

Die Bohnen werden im Topf mit Wasser und Salz kurz gekocht und dann mit kaltem Wasser abgespült.
Die Tomaten, die Zwiebel klein schneiden. Alles zusammen mit den Oliven, dem Mozarella und dem Schnittlauch zu den Bohnen geben und mischen.
Jetzt Öl, Salz, Pfeffer und Zitronensaft drüber geben und gut mischen. Der Salat ist kräftig und kann auch am nächsten Tag noch genossen werden.

Linsensalat mit Feta Käse

Zutaten:

220 g Linsen nach Wahl
4 Tomaten
Eine halbe Gurke
1 TL Sesamsamen
130 g Feta Käse
Petersilie
Salz
Pfeffer
Essig
Olivenöl
Zitronensaft

Die Linsen werden im Topf mit ausreichend Wasser und Salz für etwa 30 Minuten gargekocht. Dabei nach kurzem Erhitzen die Temperatur wieder etwas reduzieren.

Die Tomaten vierteln und zusammen mit dem Feta Käse in einer Schüssel den Ofen geben. Mit Salz Pfeffer würzen und mit Olivenöl bestreichen. Bei etwa 150 Grad grillen.

Dann etwas Essig, Pfeffer, Salz, Öl, Petersilie und Zitronensaft in eine Schüssel geben und gut mischen.

Die Schüssel mit den Linsen nehmen. Tomaten und Feta Käse darauf geben und kurz abkühlen lassen. Dann die geschnittene Gurke darüber verteilen und Zitronensaft darüber gießen. Anschließend servieren. Eventuell noch nachwürzen mit Salz und Pfeffer.

Quinoa Salat mit Kichererbsen

Zutaten:

200g Quinoa
2 Zwiebeln
2 Karotten
Petersilie
30g getrocknete Heidelbeeren
Eine Dose (300g) Kichererbsen
30g Haselnüsse
2 EL Olivenöl
1 EL Essig
Salz
Pfeffer
Senf
Eine Knoblauchzehe
Zitronensaft
Honig

Quinoa für etwa 20 Minuten im Zopf mit Wasser und Salz kochen. Dann auf die Seite stellen und noch mindestens 10 Minuten stehen lassen.
Haselnüsse in der kleinen Pfanne kurz rösten. Dann in einer Schüssel Öl, wenig Essig, wenig Wasser, Salz, Pfeffer, Senf, die zerdrückte Knoblauchzehe, Zitronensaft und etwas Honig mischen. Die Kichererbsen werden mit den geschnittenen Karotten und Zwiebeln in die Schüssel mit den Linsen gegeben und gemischt.
Nun das Dressing über den Salat geben, die gerösteten Haselnüsse einstreuen und servieren.

Gurken Tomatensalat mit Nektarinen

Zutaten:

2 Gurken
4 Tomaten nach Wahl
Eine Zwiebel
2 Nektarinen
Pfeffer
Salz
Zitronensaft
Schnittlauch
30 g geriebener Käse
Olivenöl
Essig (Balsamico)
Petersilie
Minze

Gurken, Tomaten und Nektarinen gut waschen und in kleine Stücke schneiden. Alles zusammen in eine Schüssel geben und mischen.
Eine weitere Schüssel für das Dressing holen und Öl, Wasser, Salz, Pfeffer, etwas Essig, Zitronensaft und Petersilie hineingeben. Alles gut durchmischen. Nun das Dressing über dem Salat verteilen und mischen.
Vor dem Servieren gegen Sie den geriebenen Käse über das Gericht.

Bohnensalat mit Thunfisch

Zutaten:

Eine Dose Bio Bohnen (gemischt)
Eine Dose Thunfisch (biologisch einwandfrei)
Eine Zwiebel
2 Zehen Knoblauch
Eine halbe Gurke
Petersilie
Salz
Pfeffer
2 El Olivenöl
Zitronensaft
Minze

Die Bohnen werden mit dem Thunfisch in einer Schüssel vermischt. Dann geben Sie die zuvor in Scheiben geschnittene Gurke, die klein geschnittene Zwiebel hinzu.
In eine zweite Schüssel kommt Pfeffer, Salz, Olivenöl, Knoblauch, Zitronensaft und Minze. Alles wird gut durchgemischt. Nun das Dressing auf die Bohnen und den Thunfisch geben und verteilen. Bei Bedarf kann mit Pfeffer etwas nachgewürzt werden.

Spargel Reis Salat

Zutaten:

450 g weißer Spargel
200 g Reis (Vollkorn)
200 g Tomaten
Petersilie
1 El Essig
Salz
1,5 El Olivenöl
Zitronensaft
Eine Zehe Knoblauch
30 g Lauch
25 g Mandeln

Den Spargel waschen, schälen und auf ein Backblech (Backpapier) ausbreiten, mit Olivenöl bestreichen. Bei 180 Grad in den Ofen schieben und für 20 Minuten erhitzen.

Den Reis im Topf mit Wasser und Salz für etwa 15 Minuten garkochen. Die Mandeln werden in einer kleinen Pfanne geröstet.
Dann geben sie bitte Salz, Pfeffer, Öl, Wasser, Zitronensaft, die zerdrückte Zehe Knoblauch und den geschnittenen Lauch in eine Schüssel und mischen gut durch.
In einer weiteren Schüssel mischen Sie den Reis mit Tomaten, Spargel und geben das Dressing darüber. Zum Schluss streuen Sie die gerösteten Mandeln über den Salat und servieren ihn.

Karottensalat mit Pfirsich

Zutaten:

3 Karotten
2 Pfirsiche
2 Tomaten
1 Naturjoghurt (3,5 % Fett)
Pfeffer
Salz
Olivenöl
Zitronensaft
Eine Knoblauchzehe
Minze

Die Karotten gründlich waschen, schälen und in längliche Streifen schneiden. Die Pfirsiche ebenfalls waschen und in kleine Stücke schneiden. Tomaten werden nach dem Reinigen geviertelt.

In eine Schüssel geben sie Salz, Pfeffer,

Zitronensaft, Öl, eine zerdrückte Zehe Knoblauch und etwas Minze. Danach gut mischen. Nun kommen die Karotten, Pfirsiche und Tomaten in die Schüssel und werden mit dem Dressing gemischt. Anschießend verteilen Sie über dem Salat den Joghurt.

Rosenkohl Salat mit geröstetem Vollkornbrot

Zutaten:

3 Scheiben Vollkorn Brot (Nach Wahl)
Olivenöl
Drei Zehen Knoblauch
Ein Ei
Pfeffer
Salz
600 g Rosenkohl
Petersilie
50g geriebener Käse
Essig
Senf
Zitronensaft

Das Brot in kleine Würfel schneiden. Diese auf ein Backblech mit Backpapier auslegen und mit Olivenöl bestreichen, die zerdrückte Knoblauchzehe ebenfalls darauf geben. Mit Salz, Pfeffer würzen und bei 180 Grad in den Ofen geben. Für etwa 10 Minuten rösten, dann wenden und noch mal 10 Minuten rösten.
Das Ei in einen kleinen Topf garkochen, schälen und zerschneiden.
Öl, Essig, Salz, Pfeffer, Senf, Zitronensaft kommen in eine Schüssel. Gut mischen.
Den Rosenkohl waschen und sehr fein schneiden, in die Schüssel geben und mit dem zerkleinerten Ei und dem Dressing vermischen.

Keine Sorge: Man kann Rosenkohl roh gut essen. Jetzt kommen noch die Brotstückchen hinzu. Dann streuen Sie den geriebenen Käse über das Gericht. Bei Bedarf noch mit Pfeffer und Salz würzen.

Rotkohl Salat mit Orangen

Zutaten:

Ein Kopf Rotkohl
Ein Kopf Kohlrabi
Eine Karotte
Zwei Orangen (süß)
Pfeffer
Salz
Zitronensaft
2 EL Olivenöl
Frischer Ingwer
Minze

Der Rotkohl und den Kohlrabi gut gewaschen und grob hobeln. Den frischen Ingwer (1TL) ebenfalls klein hobeln. Die Karotte wird auch klein gehobelt. Nun die Orangenschälen und klein schneiden.

In eine Schüssel kommen Rotkohl, Kohlrabi, Minze, die Karotte und die Orangen. In einer anderen Schüssel werden 2 EL Olivenöl, 2 EL Zitronensaft und etwas Honig vermischt. Dann das Dressing darüber verteilen und mischen. Mit Salz und Pfeffer noch nachwürzen.

Kohl Salat mit Joghurt

Zutaten:

200g Wirsing
200g Rotkohl
150 g Weißkohl
Petersilie
Eine Zehe Knoblauch
Olivenöl
Peffer
Essig
Salz
Zitronensaft
Ein Esslöffel Hanfsamen
Ein Esslöffel Sesamsamen
Ein Naturjoghurt (3,5 % Fett)

Zuerst waschen Sie den Kohl und zerteilen ihn in kleinere Stücke. Den Hanfsamen und Sesamsamen rösten sie in einer kleinen Pfanne.
Dann geben Sie Wasser, Salz, Pfeffer, Zitronensaft, die zerdrückte Knoblauch Zehe und Öl in eine Schüssel und mischen gut durch.

Dann kommen die Kohlsorten in die Schüssel zum Mischen.
Anschließend streuen Sie die Sesamsamen und Hanfsamen ein und verteilen das Naturjoghurt über dem Salat. Anstelle des Weißkohls kann auch Spitzkohl Verwendungen finden.

Frischer Nudelsalat

Zutaten:

450 g Dinkel Nudeln
300 g Tomaten (Cherry)
80 g magerer Schinken
1 Zwiebel
130 g Käse (z.B. Mozarella) nach Wahl
50 g geriebener Käse
Pfeffer
Salz
Schnittlauch
Senf
Essig
50g Rucola
Basilikumblätter

In einem großen Topf werden die Nudeln mit viel Wasser und wenig Salz bissfest gekocht.

Den Schinken in einer kleinen Pfanne mit Öl leicht anrösten (2-3 Minuten). Die Zwiebel schälen und zerkleinern. Die Tomaten werden gewaschen und geviertelt. Dann die Nudeln, Schinken, Tomaten die Zwiebel und den Käse samt Basilikumblätter und Rucola in eine Schüssel geben und mischen. Oliven plus Essig darüber geben, mit Salz und Pfefferwürzen und dann vermischen. Anschließend geriebenen Käse über den Salat streuen.

Avocado Fisch Salat

Zutaten:

130 g frische Makrele (fett) aus der Fischtheke
60 g Kopfsalat
100 g Tomaten
Eine Avocado
Eine Mango
Eine Zwiebel
20 g Chili
Zitronensaft
Pfeffer
Essig
Salz

Die Zwiebel schälen, zerkleinern und zusammen mit Pfeffer, Salz und dem Zitronensaft in einer Schüssel mischen.
Die Makrele von Gräten bitte vollständig befreien. Die Tomate vierteln. Dann den Fisch, Tomate, Chili und den Salat in eine Schüssel geben und mit Olivenöl, etwas Essig, Zitronensaft vermischen. Nun die Avocado klein schneiden und in den Salat geben. Zum Schluss mit Pfeffer und Salz nachwürzen (je nach Bedarf).

Radicchio Salat mit Reis

Zutaten:

250 g Reis (Vollkorn)
1 Orange (süß)
200 g Radicchio
100 g Kopfsalat
150 g Naturjoghurt (3,5% Fett)
Petersilie
Pfeffer
Essig
Senf
Salz
Olivenöl
2 Esslöffel Gepresster Orangensaft
2 Esslöffel getrocknete Heidelbeeren

Den Reis im Topf mit Wasser und Salz garkochen (ca. 15 Minuten). Den Salat waschen, klein schneiden. Dann Petersilie klein schneiden, zusammen mit Senf, Öl, wenig Essig in eine Schüssel geben und durchmischen.
Reis und Salat mit dem Dressing mischen. Die Orange schälen und in Scheiben schneiden und dann zusammen mit dem Naturjoghurt in den Salat geben und mischen. Dann noch Orangensaft und die getrockneten Heidelbeeren einstreuen und servieren.

Chinakohl Mango Salat

Zutaten:

Ein Chinakohl
6 Zehen Knoblauch
6 Schalotten
2 Chilischoten
1 EL Kokosöl
Eine reife Mango
25 g Mandeln
Schnittlauch
Eine Limone
2 TL Sojasauce
Limonensaft
130 g Kokosnussmilch

Chinakohl waschen und zerteilen oder in kleine Stücke schneiden. Die Mango klein schneiden.
Chilischoten in Scheiben schneiden. Schalotten in Scheiben schneiden. Den Knoblauch zerkleinern bzw. leicht zerdrücken.

In einer tiefen Pfanne die Chilischoten, Knoblauch und Schalotten für etwa 8 Minuten anbraten.

In einer Schüssel, Kokosnussmilch, Sojasauce, Schnittlauch und Limonensaft mischen.

Nun die Mango und den Chinakohl in eine Schüssel geben und das Dressing darüber verteilen. Dann Chili, die angebratenen Schalotten und Knoblauch in die Schüssel geben, leicht vermischen und die zerkleinerten Mandeln darüber geben.

Hauptgerichte

Auch hier gilt: leicht, locker und bekömmlich mit Gemüse und gesunden Fettquellen kochen. Die Konzentration auf pflanzliche Lebensmittel ermöglicht eine ausgeglichene und gesunde Ernährung. Fleisch sollte nur äußerst selten zum Einsatz kommen.

Fischfilet mit Brokkoli und Senfsauce

Zutaten:

170 g Kartoffeln
100 g Brokkoli
1 Schalotte
80 ml Fischfonds
1 TL Senf
Prise Pfeffer
90 g Kabeljau
Prise Muskat
Thymian

Schälen Sie die Kartoffeln. Dann kochen Sie diese in Salzwasser für etwa 25 Minuten. Den Brokkoli reinigen Sie gründlich mit Wasser, teilen ihn in kleine Stücke auf und dünsten ihn in einer Schale mit ¼ Liter Wasser für etwa 5 Minuten bei 600 Watt in der Mikrowelle.

Die Schalotte fein schneiden und kurz mit etwas Rapsöl in der Pfanne dünsten. Dann den Fischfonds unterrühren, saure Sahne hinzufügen, Senf hinzufügen und mit Salz und Pfeffer abschmecken.

Den Fisch mit Wasser abspülen und trocknen. Diese wird nur mit Pfeffer gewürzt, mit etwas Rapsöl in der Pfanne für 2-4 Minuten gebraten. Dabei bitte den Fisch regelmäßig wenden. Anschließend wird der Thymian dazu gegeben.

Danach Kartoffeln, Fisch und Brokkoli mit Sauce auf einem Teller anrichten.

Gemüsepfanne asiatisch

Zutaten:

500g Bandnudeln (Vollkorn)
Eine Zehe Knoblauch
Ingwer
Eine Zwiebel
200 g Karotten
200g Zuckerschoten
250 ml Gemüsebrühe
Rapsöl
20ml Sojasauce
Sesam
Wasser
Curry

Den Ingwer und Knoblauch in kleine Stücke schneiden. Karotten und Zuckerschoten werden ebenfalls in kleine Stücke geschnitten. Erhitzen Sie nun das Rapsöl und dünsten den Ingwer plus Knoblauch kurz an. Nun geben Sie die Karotten und die Zuckerschoten und Curry hinzu. Alles wird kurz angebraten und mit Gemüsebrühe abgelöscht. Der Sesam kann in der Pfanne kurz angeröstet werden. Dann mischen Sie ihn in das gedünstete Gemüse.
Es folgen die Nudel, die in Salz und Wasser gargekocht werden. Nudeln und Gemüse in einem Teller anreichen.

Blumenkohl Kartoffelauflauf

Zutaten:

200g Blumenkohl
300 g Kartoffeln
Rapsöl
Pfeffer
Muskat
50ml Milch
50 ml Sahne
20 g geriebener Käse
50 ml Gemüsebrühe

Kartoffeln und Blumenkohl in kleine Scheiben bzw. Stücke schneiden. Alles zusammen im Dampfgarer für 25 Minuten garen oder in Salzwasser im Topf auf dem Herd garen.

Kartoffeln und den Blumenkohl in eine mit Öl gefettete Form geben und mit Pfeffer und Muskat würzen.

In einem Topf nur wenig Mehl erhitzen, dann mit Gemüsebrühe und Sahne ablöschen. Nach etwa 8 Minuten die Sahne hinzugeben und den geriebenen Käse ausdauernd einrühren. Anschließend wird mit Salz und Pfeffer noch gewürzt.

Dann geben Sie die Sauce über den Auflauf und bestreuen ihn mit geriebenem Käse. Es folgt das Backen bei 200 Grad für 25 Minuten im Ofen.

Rosenkohl mit Karotten in Dill

Zutaten:

600 g Rosenkohl
250 g Karotten
100 g Zucchini
50 g weiße Bohnen in Tomatensauce
Olivenöl
Eine Zwiebel
Wasser
Pfeffer
Essig
Salz
Kräuter
20 g Mandeln
Frischer Dill (zerkleinert)

Den Rosenkohl, die Karotten und Zucchini gut waschen. Rosenkohl wird mit Salz und Pfeffer gewürzt, mit Olivenöl bestrichen, im Backofen auf ein Blech (ideal mit Backpapier) ausgebreitet und für 20 Minuten bei 180 Grad erhitzt.

Die zerkleinerten Karotten plus Zucchini mit etwas Öl in eine Pfanne geben und für etwa 10 Minuten anbraten. Dabei häufig wenden. In einer Schüssel mit wenig Öl, etwas Essig, die zerkleinerte Zwiebel und Dill mit wenig Wasser, Salz und Pfeffer gut vermischen.
In einer kleinen Pfanne rösten Sie die Mandeln, bis diese etwas braun sind.
Das Gemüse geben Sie auf eine Platte. Dann kommt das fertige Dressing darüber und wird mit Kräutern noch verfeinert. Darüber streuen sie die gerösteten Mandeln.

Räucherlachs mit Nudeln und Lauch

Zutaten:

250 g Nudeln (Vollkorn)
Salz
Pfeffer
200 g Lauch
Rapsöl
80 ml Milch
50 g Käse
80 g geräucherter Lachs
Zitronensaft
Dill
20 g geriebener Käse

Zuerst werden die Nudeln in Salzwasser gekocht. Der Lauch wird klein geschnitten und in einer kleinen Pfanne gedünstet.

Dann geben Sie die Milch und Käse dazu und lassen etwa 13 Minuten köcheln.

Den Lachs schneiden Sie in kleine Stücke, geben ich hinzu und würzen mit Dill sowie Pfeffer und etwas Salz. Anschließend streuen Sie geriebenen Käse über das Gericht und servieren es in einem Teller.

Spargel mit Zitrone

Zutaten:

500 g weißer oder grüner Spargel (Zart)
Eine Avocado
Salz
Pfeffer
2 EL Olivenöl
1 TL Zitronensaft
Schnittlauch
Petersilie

Den Spargel vorsichtig schälen. Die Avocado schälen und klein schneiden. Nun in eine Backform geben und das Olivenöl darüber gießen. Für etwa 20 Minuten bei 200 Grad backen. Dabei mit Pfeffer und Salz würzen. Nach dem Backen mit Zitronensaft bestreuen und erneut etwas Öl darüber geben. Die Avocadostückchen mit Zitronensaft bestreuen. Anschließend den Schnittlauch und die Petersilie über die Spargel geben. Das Gericht kann auf einer Schale zusammen mit der Avocado serviert werden.

Vollkorn Nudelsalat mit Gemüse

Zutaten:

600g Vollkorn Nudeln
250 g Gurken
250 g Tomaten
250 g Mais (Konserve)
150 g Bohnen (Konserve)
Essig
Rapsöl
200 g Tomatenmark
Kräuter

Erst werden die Nudeln nach Vorgabe auf der Packung im Topf bissfest gekocht. Schneiden Sie nun die Gurken und Tomaten in kleine Stücke. Mithilfe von Öl, Essig, wenig Wasser, Tomatenmark und Kräutern mischen Sie das Dressing. Mit Salz und Pfeffer erhält er den letzten Schliff ja nach persönlichen Vorlieben. Geben Sie jetzt die Nudeln hinzu, mischen Sie gut durch und streuen Sie noch frische Kräuter über den Nudelsalat. Dann sollte das Gericht möglichst frisch serviert werden.

Lachs mit Gemüsereis

Zutaten:

200 g tiefgekühlter Lachs
200 g Reis (Vollkorn)
100 g Brokkoli
50 g Paprika
50 g Chinakohl
Pfeffer
Salz
Schnittlauch
Wasser
Kräuter

Der Reis wird im Topf mit etwas Salz für etwa 12 Minuten gekocht. Bevor der Lachs in die Heißluftfriteuse kommt, würzen Sie ihn mit Pfeffer und etwas Salz. Dann gart er in der Friteuse für 20 Minuten bei etwa 170 Grad.
Das gewaschene Gemüse schneiden Sie klein und garen es bei kleiner Temperatur im Dampfgarer oder alternativ in der Mikrowelle mit etwas Wasser bei 600 Watt für 1,5 – 2 Minuten.

Reis und Gemüse wird dann gemischt und mit Pfeffer und Kräutern leicht gewürzt. Zuletzt streuen Sie noch Schnittlauch über den Gemüsereis und servieren ihn mit dem Lachs auf einem Teller.

Risotto mit Gemüse

Zutaten:

250 g Reis (Vollkorn)
50 g Brokkoli
50 g Paprika
50 g Weißkohl
40 g Spitzkohl
120 g Käse
Pfeffer
Salz
Schnittlauch
Wasser
Kräuter

Das Gemüse wird erst gewaschen und klein geschnitten.

Dann kochen Sie den Reis in einem Topf für 12 Minuten. Danach geben Sie den Reis zusammen mit dem Käse für 2 Minuten in die Mikrowelle und mischen den geschmolzenen Käse mit dem Reis in einer Schüssel. Das Gemüse garen Sie bei kleiner Temperatur im Dampfgarer oder in der Mikrowelle mit etwas Wasser. So bleiben die wertvollen Inhaltsstoffe noch weitgehend erhalten.

Nun geben Sie das Gemüse in den Reis mit dem flüssigen Käse und würzen mit Salz und Pfeffer. Dazu kommen noch etwas Schnittlauch und frische Kräuter auf das fertige Risotto.

Reis mit Gemüse

Zutaten:

200g Paprika
200g Gurken
200g Karotten
150 g Erbsen
220 g Reis (Vollkorn)
150 ml Gemüsebrühe
Salz
Pfeffer

Das Gemüse wird erst gereinigt und dann in kleine Stücke geschnitten. Dann kochen Sie den Reis in einem Topf mit Salzwasser. Bitte nicht zu viel Salz verwenden. Paprika, Erbsen und Karotten kurz im Dampfgarer andünsten. Dann können Sie den Reis mit dem Gemüse mischen, mit Salz und Pfeffer würzen und in Tellern servieren.

Reis mit Spinat

Zutaten:

220 g Reis (Vollkorn)
150g Spinat (tiefgefroren)
Zwei Tomaten
Gemüsebrühe
Salz
Pfeffer
Schnittlauch
Petersilie

Den Reis kochen Sie im Topf ca. 12 Minuten. Der Spinat wird in der Mikrowelle aufgetaut und erwärmt. Dann gut durchmischen und die zuvor zerkleinerten Tomaten und etwas Gemüsebrühe hinzugeben.

Den Schnittlauch sowie die Petersilie waschen, klein schneiden und über das Gericht verstreuen.

Zuletzt wird mit Pfeffer und Salz gewürzt. Nun ist das leichte Gericht bereit zum Servieren.

Ofenkartoffel mit Joghurt

Zutaten:

600 g Kartoffeln
Salz
Pfeffer
Olivenöl
2 Zehen Knoblauch
Zitronensaft
100 g Joghurt (10% Fett)
50 g Schafskäse
Schnittlauch
Petersilie
Kräuter
1 Minze

Die Kartoffeln waschen, schälen und jeweils in vier Hälften schneiden. Die Knoblauchzehen klein schneiden. Dann mit einem Lebensmittelpinsel mit Olivenöl bestreichen und in der Heißluft-friteuse bei 180 Grad für 20 Minuten erhitzen. Dabei die Kartoffeln immer wieder wenden.
Der Knoblauch wird dann nach etwa 10 Minuten hinzugegeben. Mit Pfeffer und Salz etwas würzen.
Joghurt mit Knoblauch, Zitronensaft, Schnittlauch, Petersilie und Kräuter in einer Schüssel vermischen.
Dann mit Pfeffer und Salz würzen. Anschließend kommt noch der Schafskäse hinein und wird eingerührt.
Sobald die Kartoffeln gut braun sind, aus der Friteuse nehmen, die Joghurt Masse mit klein geschnittener Minze darüber verteilen und servieren.

Spinat mit Spiegelei

Zutaten:

2 Eier
Eine Zwiebel
Salz
Pfeffer
350g Spinat
Rapsöl

Der Spinat muss gewaschen und getrocknet werden. Schneiden Sie die Zwiebel klein und braten diese in Öl leicht an. Nun geben Sie den Spinat hinzu und lassen Sie ihn leicht einfallen.

Mit einer zweiten Pfanne braten Sie die Eier in Butter an. Dabei erst bei höher Hitze anbraten und dann rasch die Platte herunterschalten.

Den Spinat würzen Sie mit Pfeffer und Salz. Die Spiegeleier salzen Sie je nach Geschmack. Beides kann danach in einem Teller serviert werden.

Champignons in Olivenöl

Zutaten:

50 ml Olivenöl
Petersilie
Schnittlauch
25 ml Zitronensaft
250 g frische Champignons

Waschen Sie die Champignons gründlich. Dann werden diese in kleine Stücke geschnitten. Geben sie Salz, Pfeffer, Zitronensaft in einen Topf der erwärmt wird.

Diese Flüssigkeit gießen sie über die Pilze und lassen Sie für etwa eine Stunde marinieren. Dann streuen Sie Petersilie darüber und servieren das Gericht auf einem Teller.

Avocado mediterran

Zutaten:

150 g Avocado
3 Eier
40 g Käsescheiben
40 g Speck
25 g Kokosfett
Pfeffer
Salz
Curry

Die Avocado schneiden Sie in Scheiben. Die Eier geben Sie in eine Schüssel, vermischen diese mit Pfeffer und Salz.

Den Speck schneiden Sie in kleine Stücke und geben diesen in eine Pfanne mit Kokosfett zum Braten. Die Eier kommen ebenfalls in die Pfanne und werden gebraten. Avocado Scheiben zusammen mit den Käsescheiben auf die Eimasse geben und bei geschlossener Pfanne garen.

Anschließend mit Curry gut würzen und servieren.

Lachs mit Orangensalat

Zutaten:

2 Lachsfilets
1 kleiner Chinakohl
3 nicht zu sauere Orangen
2 EL Rapsöl
1 EL Essig
Salz
Pfeffer
Kräuter
Zitronensaft

Den Chinakohl bitte waschen, in kleine Stücke scheiden. Die Orangen schälen, möglichst alle weißen Elemente entfernen, klein schneiden und beides in ein Gefäß geben. Essig, Öl, Salz und Pfeffer ja nach Geschmack hinzugeben und ca. 45 Minuten marinieren lassen.

Die Lachfilets waschen, trocknen und mit Zitronensaft beträufeln. Ideal: Lachs dann noch mit Pfeffer und Salz würzen und in der Heißluftfriteuse für 25 Minuten bei 160 Grad garen lassen.

Alternativ: Mit etwas Öl in der Pfanne für jeweils 4 Minuten pro Seite anbraten. Dann mit Pfeffer und Salz würzen noch.

Die fertigen Filets mit dem Orangesalat mit Chinakohl zusammen servieren.

Spargeltoast mit Früchten

Zutaten:

4 Scheiben Vollkornbrot (kein industriell gefertigter Toast!)
100 g Spargel
Ein Apfel
50 g Himbeeren
Rapsöl
4 Scheiben Käse (variabel)
20 g Lauch

Bestreichen Sie die Brotscheiben mit etwas Öl und belegen Sie diese dann mit dem Spargel.
Reiben Sie den Apfel fein. Dieser kommt ebenfalls auf die Brotscheiben. Die Himbeeren verteilen Sie auf den Brotscheiben.

Nun belegen Sie die Brotscheiben mit den Käsescheiben und dem zuvor geschnittenen Lauch und backen diese bei 180 Grad für etwa 12 Minuten. Wenn der Käse gut geschmolzen ist, holen Sie die Toasts aus dem Ofen und servieren diese nach leichter Abkühlung.

Putencurry mit Reis

Zutaten:

400 g Putenbrustfilet
400 g Reis (Vollkorn)
Eine Zwiebel
3 Lauchzwiebeln
Curry
100 g Schlagsahne
150 g Gemüsebrühe
Salz
Pfeffer
Etwas Mehl

Das Filet waschen, trocknen, in kleine Stücke schneiden und mit Salz und Pfeffer würzen.
Mit etwas Öl in der Pfanne anbraten und wieder herausnehmen.
Dann scheiden Sie die zuvor gewaschenen Zwiebeln klein.

Die Lauchzwiebeln können in Ringe geschnitten werden.
Diese werden zusammen in der Pfanne mit Öl kurz angebraten.
Nun kommt ein wenig Mehl, das Currypulver hinzu.

Beides sollte unter ausdauerndem Rühren kurz angebraten werden.

Danach geben sie die Sahne plus Gemüsebrühe hinein. Alles wird mit dem Putenfleisch gekocht und mit Salz und Pfeffer gewürzt.
Der Reis wird im Topf parallel für ca. 12 Minuten gargekocht.
Anschließend kann das Gericht serviert werden.

Rindersteak mit Gemüse - Kartoffeln

Zutaten:

2 Rinderminutensteaks (Bio!)
300 g Kartoffeln
150 ml Gemüsebrühe
2 Tomaten
150 g Brokkoli
120 g Zucchini
50 g Paprika
Pfeffer
Salz
Schnittlauch
Petersilie

Zuerst werden die Kartoffeln geschält, klein geschnitten und im Topf für etwa 15 Minuten mit Salz gargekocht. Gleichzeitig würzen Sie die Steaks mit Pfeffer und Salz, geben diese in die Heißluftfriteuse für 12 bis 15 Minuten bei 160 Grad. Das überschüssige Fett läuft dann unten heraus und man erhält ein mageres Steak.
In der Zwischenzeit waschen Sie das Gemüse, schneiden es in kleine Stücke und garen es mit ein wenig Wasser im Dampfgarer oder in der Mikrowelle.

Das Gemüse wird mit den Kartoffeln gemischt. Alles mit Pfeffer und wenig Salz nachwürzen. Streuen sie noch ein wenig Schnittlauch und Petersilie darüber.

Blumenkohl geröstet mit Pfirsich

Zutaten:

Ein Kopf Blumenkohl
2 Pfirsiche (süß)
Eine rote Zwiebel
Pfeffer
Essig
Salz
Olivenöl
Senf
Zitronensaft
Hanfsamen
25 g Mandeln
Petersilie

Den Blumenkohl waschen und in kleine Stücke zerteilen. Alles auf ein Backblech legen, mit Olivenöl bestreichen, mit Salz und Pfeffer würzen und im Backofen bei 200 Grad für etwa 25 Minuten erhitzen.

Die Mandeln werden zerkleinert und in einer Pfanne leicht geröstet. Pfirsiche werden ausgiebig gewaschen und in Scheiben geschnitten. Die Zwiebel bitte schälen und klein schneiden.

Die Petersilie ebenfalls klein schneiden und zusammen mit Öl, Essig, Salz, Pfeffer, Senf, Zitronensaft je nach Geschmack, etwas Wasser in eine Schüssel geben und gut mischen.
Nun geben sie den Blumenkohl und die Pfirsiche auf einen Teller. Die Zwiebelstückchen werden darüber verstreut. Es folgt das Dressing, der über das Ganze verteilt wird. Dann noch Mandeln aus der Pfanne nehmen und einstreuen.

Reispfanne mit Gemüse Mix

Zutaten:

300g Reis (Vollkorn)
Eine Zwiebel
200 g Brokkoli
50 g Erbsen
50 g Chinakohl
2 Zehen Knoblauch
1,5 Esslöffel Tomatenmark
Curry
1 Esslöffel Ingwer
Sojasauce
Pfeffer
Salz
Rapsöl

Den Reis im Topf mit Salz und Wasser für etwa 15 Minuten garkochen. Brokkoli, Erbsen, Chinakohl waschen und zerteilen. In einer tiefen Pfanne Öl erhitzen, die zerkleinerte Zwiebel, Knoblauch und Ingwer dazu geben und etwa 5 Minuten anbraten.

Jetzt Curry, Ingwer und Tomatenmark hinzugeben und für zwei Minuten kochen. Dabei bitte stets umrühren, damit nichts anbrennt. Nun den Reis dazu geben und für 10 Minuten kochen.

Danach geben Sie die Sojasauce dazu und mischen alles gut durch. Dann wird der Chinakohl, der Brokkoli und die Erbsen dazu gegeben und bei abgedeckter Pfanne für 5 Minuten gegart. Bei Bedarf noch mit Pfeffer nachwürzen.

Rote - Bete gedünstet

Zutaten:

450 g Rote Bete Blätter
Olivenöl
30 g Mandeln
3 Zehen Knoblauch
Pfeffer
Salz
Zitronensaft

In einer tiefen Pfanne Öl erhitzen, und den in kleine Scheiben geschnittenen Knoblauch sehr kurz anbraten.

Dann die rote Bete Blätter hineingeben und 3 Minuten zugedeckt garen. Das ganze wenden und erneut 8 Minuten garen lassen. Den Zitronensaft drüberstreuen.

Mit Pfeffer und Salz würzen und vom Herd nehmen. Nun auf einen Teller geben, die zuvor zerkleinerten Mandeln darüber streuen und servieren.

Bratkartoffel mit Lachs

Zutaten:

800 g Kartoffeln
250 g Lachs geräuchert
2 Schalotten
2 Zehen Knoblauch
Ein wenig Schnittlauch
Petersilie
Salz Pfeffer
2 EL Olivenöl
1 EL Zitronensaft

Die Kartoffeln werden in einem großen Topf für ungefähr 20 Minuten mit ausreichend Wasser und Salz gargekocht und dann in kleine Stücke geschnitten.

Die Schalotten werden klein geschnitten. Mit einer Gabel zerdrückt man die geschälte Knoblauchzehe. Den Lachs in kleine Stücke schneiden.

In einer großen Pfanne mit gutem Olivenöl und en Schalotten werden die Kartoffeln gebraten. Dies dauert etwa 15 -20 Minuten. Dabei die Kartoffelstücke immer wieder wenden.

Olivenöl und Zitronensaft kommen in eine Schüssel. Der Räucherlachs wird etwa für eine Minute angebraten. Das vermischte Dressing dazu geben und mit Petersilie sowie Schnittlauch garnieren.

Eine ideale Abwechslung:

Frischer Frucht Mix

Zutaten:

150 g Apfel geschnitten
150 g Birne geschnitten
300 g Karotten geschnitten
Rapsöl
Apfelsaft
Salz
Pfeffer
Zitronensaft

Reiben Sie die Äpfel, Birnen und Karotten klein.

Nun stellen Sie ein Dressing mit ein wenig Öl, Salz, Wasser, Apfelsaft und Pfeffer her. Je nach Geschmack verfeinern. Die Früchte und Karotten geben Sie in das Dressing mischen es ausreichend durch.

Mit sehr wenig Zitronensaft können noch weitere Geschmacks-nuancen integriert werden.

Heidelbeere Birne Quark

Zutaten:

100 g Heidelbeeren
Eine Birne
120 g Quark (40% Fett)
Oder 120g Quark (Laktosefrei mager)
1 Esslöffel Sahne
Zitronensaft

Die Birne waschen, schälen und in kleine Stücke schneiden. Die Heidelbeeren gut waschen. Nun schlagen Sie den Quark mit Sahne auf, mischen die Heidelbeeren und die Birnenstückchen in einer Schüssel und geben den Zitronensaft hinzu. Das ist eine Ideale Zwischenmahlzeit.

Frisches Beeren Joghurt

Zutaten:

450 g Erdbeeren
200 g Heidelbeeren
180 g Naturjoghurt (10% Fett)
200 g Mascarpone
Etwas Stevia (je nach Bedarf)
Minze

Kühler Mascarpone, Naturjogurt und etwas Stevia kommen in eine Schüssel und werden vermischt.

Erdbeeren und Heidelbeeren in die Schüssel geben und wieder mischen. Darauf die frische Minze verteilen und servieren.

Omelette mit Ziegenkäse

Zutaten:

2 Eier
40g Ziegenkäse
Wasser
Pfeffer
Salz
Schnittlauch
Rapsöl

Schneiden Sie den Schnittlauch klein. Die Eier werden mit Wasser in eine Schüssel gegeben und anschließend ausreichend gerührt, sodass sich das Eigelb mit dem Eiweiß vermischt. Würzen Sie mit Pfeffer und Salz. Geben sie nun etwas Rapsöl in eine erhitzte Pfanne und schütten danach die Masse aus Ei hinein. Bei reduzierter Temperatur einfach eine Zeit lang stocken lassen.

Dann nehmen Sie eine Omelette heraus und bestreichen sie es mit Ziegenkäse. Streuen Sie noch Schnittlauch darüber. Dann kann es serviert werden.

Pfannkuchen mit Lachs und Käse

Zutaten:

4 Eier
50g Frischkäse
60g Frischkäse (leicht)
100g Räucherlachs
25g Schnittlauch
Pfeffer
Salz

Schlagen Sie die Eier auf und geben sie 50 g Frischkäse in die Masse, die sie anrühren. Dann geben Sie die Masse in eine große erhitzte Pfanne zum backen. Sobald die Pfannkuchen fertig gebacken sind, geben Sie Frischkäse und Lachs darauf, bestreuen den Käse noch mit zuvor klein geschnittenem Schnittlauch und rollen die Pfannkuchen servierfertig auf.

Rotkohl mit Birnen

Zutaten:

3 Zwiebeln
Ein Kopf Rotkohl
2 Birnen (süß)
70 g Schinken (geräuchert)
Essig
Olivenöl
Salz
Pfeffer
100 ml Weißwein

Den Rotkohl waschen und klein schneiden. Die Birnen ebenfalls waschen und in kleine Stücke schneiden.
Das Öl in einer Pfanne kurz erhitzen. Dann den Schinken und die Zwiebel hineingeben und für 3 Minuten braten. Jetzt kommt der Weißwein in die Pfanne. Danach wird der Rotkohl mit den Birnen samt Salz, Pfeffer und Essig in die Pfanne gegeben. Immer wieder gut umrühren und abgedeckt auf kleiner Flamme etwa eine Stunde bis 1,5 Stunden köcheln lassen. Der Kohl muss weich sein. Immer wieder gut umrühren.
Vor dem Servieren noch mit Petersilie garnieren.

Blumenkohl Auflauf

Zutaten:

200 g Blumenkohl
60 g Tomate
50 g Lauch
30 g Butter
100 g Hähnchenfleisch
150 g Sahne
120 g Käse (fett)
Salz
Pfeffer
Schnittlauch
Petersilie

Geben Sie Butter in eine Pfanne und erhitzen diese. Dann sollte das Hähnchenfleisch in kleine Stücke geschnitten werden.

Die Fleischstückchen kommen in die Pfanne und werden braun gebraten. Würzen Sie mit Salz und Pfeffer.

Das Fleisch wird in einen Auflauf Form zusammen mit der Sahne und Schnittlauch gegeben. Lauch, Tomaten und den Blumenkohl schneiden Sie in kleine Stücke und geben diese in die Auflaufform.

Darauf streuen sie den Käse, der zuvor in kleine Stücke geteilt wurde. Nun muss der Auflauf für etwa 30 Minuten bei 180 Grad im Ofen (Umluft) gebacken werden. Bei Ober und Unterhitze sollten es 200 Grad sein.

Pilz - Omelett

Zutaten:

30 g Zwiebeln
25 g Pilze
35 g Butter
2 Eier
Wasser
Salz Pfeffer
Petersilie

Zuerst schneiden Sie die Pilze und die Zwiebel klein und geben sie mit Butter in einer Pfanne zum anbraten. Im zweiten Schritt geben Sie die Eier in eine Schale mit etwas Wasser und mischen diese gut durch.

Mit ein wenig Salz und Pfeffer würzen. Erneut kommt Butter in eine Pfanne und sollte erhitzt werden. Geben Sie die Masse (Ei) rein. Erst gut erhitzen, dann herunterschalten und stocken lassen.

Wenn das Omelett fest wird geben Sie die Pilze mit den Zwiebeln und der Petersilie darauf und klappen es um. Dann ist das Gericht servierfertig.

Pasta mit Pilzen

Zutaten:

200 g Nudeln (Vollkorn, Dinkel)
400 g Champignons
Eine Zehe Knoblauch
Eine Zwiebel
Tomatenmark
Essig
Olivenöl
Pfeffer
Salz
Geriebener Käse
Kräuter nach Wahl

Erst die Zwiebel und den Knoblauch klein schneiden.

Geben Sie das Öl plus Zwiebeln und Knoblauch in einer tiefen Pfanne und braten kurz an. Mit etwas Salz würzen.

Nun kommen die Champignons in die Pfanne und werden mit Salz angebraten. Dazu kommen etwas Tomatenmark, Kräuter und etwas Essig. Gut mischen bzw. rühren.

Jetzt werden die Nudeln in einem Topf mit Salz und Öl gargekocht.

Ein wenig Nudelwasser in die Pfanne geben und umrühren. Die Nudeln kommen nun auch in die Pfanne werden mit Sauce bedeckt und können dann samt dem Pilze Mix serviert werden. Dann noch etwas geriebenen Käse aufstreuen.

Kartoffelpfanne mit Gemüse

Zutaten:

3 Kartoffeln
2 Zwiebeln
100 g Paprika
150 g Chinakohl
150 g Karotten
Petersilie
Schnittlauch
Ein Ei
Pfeffer
Salz
Zitronensaft
Rapsöl

Die Kartoffeln schälen, waschen und in kleine stücke schneiden. In einem Topf mit Wasser und Salz für etwa 15 Minuten garkochen.

Die Zwiebeln schälen und zerkleinern.
Die Paprika, den Chinakohl und die Karotten waschen, klein schneiden. In eine Pfanne kommen nun Öl, Zwiebeln zum anbraten.

Nach etwa 3 Minuten geben sie die Kartoffeln hinein. Diese braten sie, bis Sie nur leicht braun werden. Dann kommt das Gemüse in die Pfanne, das nur kurze Zeit gebraten wird. Das Ei wird geschält, mit einer Gabel in einer kleinen Schüssel kurz umgerührt und dann in die Pfanne zum gegeben. Es darf eine Weile stocken, bis das Eigelb gut durchgebraten ist.
Dann werden der Zitronensaft und die Petersilie über das Gericht verstreut.

Linsen mit Pilzen und Weißkohl

Zutaten:

350 g Linsen
25 g Steinpilze
220 g Weißkohl
200g Champignons
Olivenöl, Salz
Pfeffer
1 Karotte
1 Zwiebel
Essig
Thymian
40 g Tomaten
2 Zehen Knoblauch
Petersilie
50 ml Weißwein

Erst geben Sie die Steinpilze in eine Schüssel mit kochendem Wasser. Für etwa 25 Minuten stehen lassen. Danach die Pilze aus dem Wasser nehmen.

Die Linsen, die zerteilte Karotte, geschnittene Zwiebel und Thymian in einen Topf geben und kochen lassen. Nach kurzer Zeit auf kleine Flamme stellen und 30 Minuten auf dem Herd lassen.

Danach den Thymian entfernen und die Linsen in eine Schüssel geben. Über die Linsen Öl und Essig verteilen.

Den geschnittenen Weißkohl für etwa 15 Minuten im Topf mit Salz kochen.

Nun die Pilze zusammen in einer Pfanne mit Öl anbraten.

Der zerdrückte Knoblauch und die Tomaten kommen auch in die Pfanne. Jetzt kommen der Weißwein und dann das Kochwasser der Pilze hinzu. Alles weiter kochen lassen.

Die angebratenen Pilze und den Weißkohl hinzugeben und immer wieder rühren.

Wenn ein großer Teil des Wassers verkocht ist, alles in die Schüssel mit den Linsen geben, mit Salz und Pfeffer würzen und Petersilie darüber geben.

Suppen – die Wohltat für Ihren Körper

Suppen sind die ideale Ergänzung zur Rohkost. Sie spenden Energie wenn sie lange gekocht wurden. Eine warme Suppe sorgt vor allem in den kalten Jahreszeiten für Wohlbehagen.

Gurkensuppe

Zutaten:

300 g Gurke
250 ml saure Sahne
250 ml Buttermilch
Salz
Pfeffer

Die Gurke wird geschält und in sehr kleine Stücke geschnitten.

Geben sie die Gurkenstücke sowie saure Sahne und die Buttermilch in eine Schüssel und pürieren Sie die Masse mit einem Pürierstab. Sie sollte cremig werden. Bei Bedarf kann ein wenig Wasser hinzugegeben werden. Dann würzen Sie mit Pfeffer und Salz. Die Suppe kann warm und kalt serviert werden.

Hühnersuppe

Zutaten:

Ein Hähnchen (bioqualität!)
Wasser
Karotten
2 Zwiebeln
Lauch
Sellerie
Eine Paprika
Pfeffer
Salz

Das Hähnchen kommt mit dem gereinigten Gemüse in einen großen Topf mit kaltem Wasser. Der Inhalt des Topfs wird langsam zum Kochen gebracht. Die Suppe sollte möglichst lange bei geringer Hitze sieden. Die übliche Gardauer beträgt eine halbe Stunde, aber wir empfehlen über eine Stunde, weil langsam köchelnde Suppen mehr Energie aufgenommen haben und diese sich beim Essen auf den Konsumenten überträgt. Die Energieaufnahme der Suppe bzw. des Wassers ist physikalisch nachgewiesen.

Deshalb helfen langsam gekochte Hühnersuppen auch bei Erkältungen, Infektionen und anderen Leiden. Sie bauen auf, stärken den Körper und sorgen für mehr Lebensenergie.

Nach etwa einer Stunde nehmen Sie das Hähnchen heraus, schneiden Fleisch in keinen Stücken ab und geben diese erneut in die Suppe. Das Gemüse verbleibt in der Suppe und wird verspeist. Nun würzen sie noch mit Pfeffer und Salz.

Brokkoli Suppe

Zutaten:

200 g Brokkoli
150 g Sahne
70 g Gorgonzola
15 g Kokosfett
Pfeffer
Salz
Wasser

Geben Sie die Sahne, Kokosfett mit dem Gorgonzola in einen Topf und lassen Sie alles erhitzen. Der Gorgonzola schmilzt zu einer breiigen Masse. Je nach Bedarf mit Pfeffer und Salz würzen. Brokkoli wird dann klein geschnitten und in die Suppe gegeben. Je nach Bedarf mit Wasser strecken und alternativ würzen (z. B. mit Paprikapulver, Ingwer).

Kräftige Bohnensuppe

Zutaten:

2 Dosen Kidney Bohnen
150 g Lauch
1 Bündel Schnittlauch
100 ml Gemüsebrühe
Eine halbe Zwiebel
Eine halbe Knoblauchzehe
50 g mageren Schinken
Pfeffer
Salz
Wasser

Die Bohnen kommen samt anderem Inhalt der Dosen in größeren Topf zum Erhitzen. Dazu kommt je nach Bedarf Wasser, Gemüsebrühe. Nach etwa eine halben Stunde des Köchelns geben Sie den geschnittenen Lauch, die zerkleinerte Zwiebel, den klein geschnittenen Schinken und die ebenfalls klein geschnittene Knoblauchzehe hinzu und lassen das Ganze noch einmal eine halbe Stunde bei kleiner Flamme durchziehen. Immer wieder mal rühren. Zum Schluss noch mit Pfeffer und Salz abschmecken, Schnittlauch einrühren. Dazu passt bei Bedarf eine Scheibe Vollkornbrot.

Hühnersuppe mit Reis

Zutaten:

Ein Hähnchen (bioqualität)
Wasser
2 Zwiebeln
180 g Reis (Vollkorn)
3 Karotten
Eine Zehe Knoblauch
100g Erbsen
2 Zwiebeln
250 g Lauch
150g Sellerie
Eine Paprika
Pfeffer
Salz
Petersilie
Schnittlauch

Das Huhn gut waschen, trocknen mit Salz und Pfeffer würzen. Dann das Huhn, Knoblauch, die Zwiebel mit dem Reis in einen Topf geben und für etwa 30 Minuten garkochen. Das Fleisch vom Huhn großzügig abtrennen bzw. abschneiden und erneut in den Topf geben. Die Erbsen, sowie der zerkleinerte Lauch und der geschnittene Sellerie werden jetzt in den Topf gegeben und für 12 Minuten gekocht. Dann folgen die Karotten. Je nach Bedarf noch einmal mit Salz und Pfeffer würzen. Schnittlauch und Petersilie in die Suppe geben und dann servieren.

Weiße Bohnensuppe

Zutaten:

2 Dosen weiße Bohnen in Tomatensauce
150 g Lauch
1 Bündel Schnittlauch
100 ml Gemüsebrühe
Eine halbe Zwiebel
Eine halbe Knoblauchzehe
50 g mageren Schinken
50 g Tomatenmark
Pfeffer
Salz
Wasser

Ähnlich wie oben kochen Sie den Inhalt der Dosen zusammen mit Wasser und Gemüsebrühe. Dann geben Sie nach einer halben Stunde die zuvor geschnittene Zwiebel, Knoblauchzehe und den zerkleinerten mageren Schinken dazu.

Das Tomatenmark rühren Sie langsam in die Suppe. Noch 20 Minuten auf kleiner Flamme kochen lassen. Dann den zerkleinerten Schnittlauch hinzugeben, mit Pfeffer und Salz würzen und servieren.

Kräftige Gemüsebrühe

Zutaten:

8 Karotten
3 Standen Lauch
3 Tomaten
1 Zwiebel
Etwas Öl (Rapsöl)
2 Lorbeerblätter
Pfeffer
Salz
Wasser (etwa 2 Liter)

Das Gemüse wird gewaschen und zerkleinert. Die Zwiebel schälen und klein schneiden. Dann einen Topf mit ungefähr 2 Liter Wasser füllen und alles hineingeben. Den Inhalt für mindestens eine Stunde kochen, wobei die Temperatur nach dem ersten Erhitzen reduziert werden kann. Immer mal wieder umrühren. Zum Schluss das Gemüse entfernen und die Brühe servieren. Selbstverständlich kann das Gemüse noch verwendet werden.

Soll es eine Gemüsesuppe werden, entfernen Sie nur die Lorbeerblätter und lassen den Rest im Topf zum Servieren.

Kartoffel Pfirsich Suppe

Zutaten:

3 Kartoffeln (mehlig)
Ein Pfirsich
600 g Karotten
Ein Liter Gemüsebrühe
400 ml Karottensaft
1 EL Ingwer
1 EL Olivenöl
Eine Stange Schnittlauch
Pfeffer
Salz
Minze

Karotten, Kartoffeln waschen, schälen, klein schneiden und leicht in der tiefen Pfanne mit Öl anbraten. Dann wird der Pfirsich klein geschnitten. Schnittlauch waschen und klein schneiden. Dann alles zusammen mit Ingwer, Öl, Pfeffer und Salz nach Bedarf in die tiefe Pfanne geben und pürieren. Zum Schluss noch mit etwas Minze garnieren.

Gemüse Suppe mit Knoblauch

Zutaten:

Eine Zwiebel
Eine Zehe Knoblauch
Zwei Karotten
300 ml Gemüsebrühe
400 ml Wasser
250 g Tomaten
1 EL Olivenöl
Pfeffer
Salz

Die Karotten waschen, schälen und klein schneiden. Ebenso die Zwiebel und die Zehe Knoblauch schälen und klein schneiden. Tomaten waschen und würfeln.

Zunächst erhitzt man Öl in einem Topf. Die Zwiebel, Knoblauch und Karotten werden für etwa 3 Minuten leicht angebraten.

Dann Wasser, Gemüsebrühe und Tomaten zusammen in den Topf geben und kochen lassen. Ca. 35 Minuten köcheln lassen und mit Pfeffer und Salz zum Schluss nachwürzen.

Brokkoli Suppe

Zutaten:

250 g Brokkoli
550 ml Gemüsebrühe
1 EL Löffeln Schmand
Pfeffer
Salz
10 g Schnittlauch

Den Brokkoli waschen und klein schneiden. Anschließend das Gemüse im Topf mit der Gemüsebrühe für 10 Minuten kochen.
Mit dem Schmand zusammen pürieren und noch etwas Gemüsebrühe hinzugeben. Dann mit Pfeffer und Salz nachwürzen.

Dessert – die Seele isst auch mit

Der Nachtisch ist oft etwas für die Seele. Tun Sie sich etwas Gutes. Das klappt auch mit gesunden Zutaten. Zucker muss nicht zum Einsatz kommen, denn fast immer reicht der Fruchtzucker des enthaltenen Obstes aus um die angegriffene Psyche zu unterstützen. Gleichzeitig profitieren Sie von den frischen Früchten aufgrund der enthaltenen Vitamine und Antioxidantien. Die Dessertrezepte eignen sich auch für kleine Zwischenmahlzeiten zwischendurch.

Heidelbeer Smoothie

Zutaten:

150 g Heidelbeeren
100 g Joghurt (10% Fett)
Schlagsahne (1 Esslöffel)
1 /3 Liter Milch

Geben Sie alles zusammen in einen Mixer oder verwenden Sie den Pürierstab zum mischen. Bei Bedarf ein wenig Wasser hinzugeben. Das Getränk kann kalt serviert werden.

Bananen Smoothie

Zutaten:

Eine Banane
100 g Joghurt (10% Fett)
Schlagsahne (1 Esslöffel)
1/3 Liter Milch (3,5% Fett)

Auch hier geben Sie alles zusammen in den Mixer bzw. verwenden einen Pürierstab. Als Alternative zur Milch eignet sich auch Sojamilch, wenn etwa eine Laktoseunverträglichkeit vorliegt. Derartige Smoothies können auch jederzeit zwischendurch konsumiert werden. Der Bananensmoothie sollte z.B. auch bei Kaliummangel genossen werden, da Bananen viel Kalium enthalten.

Mousse au Chocolat

Zutaten:

2 Eier
130 g Bitterschokolade (mindestens 70% Kakaoanteil)
Butter
2 Esslöffel Kaffee
120g Sahne

Reiben Sie die Schokolade sehr fein. Dann kommt Sie mit den Eiern, der Sahne in eine Schüssel. Diese hängen Sie über ein Wasserbad. Der Inhalt wird erhitzt und ständig gerührt, bis eine Creme entstanden ist. Butter in die Masse unterrühren. Die Sahne steif schlagen und unterrühren. Dann geben Sie die Portionen in Schüsseln und lassen alles über Nacht im Kühlschrank stehen.

Erdbeeren Shake

Zutaten:

120 g frische Erdbeeren
1 TL Zitronensaft
1/3 Liter Milch oder Sojamilch je nach Verträglichkeit
1 Esslöffel Sahne
20 g Eiweißpulver
Wasser

Mischen Sie die Erdbeeren, die Milch, die Sahne und das Eiweißpulver zusammen im Mixer oder mit einem Pürierstab. Sobald die Masse cremig ist, kommt noch etwas Zitronensaft hinzu. Bei Bedarf Wasser dazu geben. Möglichst kühl servieren.

Brombeere – Himbeere Smoothie

Zutaten:

100 g Brombeeren
50 g Himbeeren
100 g Joghurt (10% Fett)
Schlagsahne (1 Esslöffel)
1 /3 Liter Milch
Mein wenig Minze

Alles zusammen in einen Mixer geben oder den Pürierstab zum mischen verwenden. Bei Bedarf ein wenig Wasser hinzugeben. Das Getränk kann kalt serviert werden.

Pfirsich Aprikosen Creme

Zutaten:

100 g Pfirsiche
100 g Aprikosen
200 g Joghurt (10 % Fett)
30 g Zimt
20 g Haferflocken
1 TL Zitronensaft
20 g Sesamsamen

Die Pfirsiche und Aprikosen gut waschen und in sehr kleine Stücke schneiden. Dann alles zusammen mit Haferflocken in eine Schüssel geben und den Joghurt unterrühren. Nun den Zitronensaft hineingeben.
Anschließend mit dem Sesamsamen noch einmal vermischen und servieren.
Diese erfrischende Zwischenmahlzeit eignet sich auch, wenn mal keine Lust auf übliche Nahrung aufkommt.

Bananen Creme Noir

Zutaten:

2 Bananen
200 g Joghurt (10% Fett)
20 Haferflocken
20 g dunkle Schokolade (über 70% Kakao Anteil)
20 g Zimt
15 g Hanfsamen

Die Bananen werden geschält und mit der Gabel in einer Schüssel zerdrückt. Die Schokolade bitte klein hobeln. Nun kommen der Joghurt und die Haferflocken zusammen in die Schüssel mit den Bananen und alles wird gut vermischt. Dann kommt noch der Zimt hinein.

Die klein gehobelte Schokolade und der Hanfsamen werden auch eingestreut und vermischt.

Sojamilch mit Beeren

Zutaten:

800 ml Sojamilch
100 mg Heidelbeeren
70 mg Himbeeren
10 mg Ingwer

Die Sojamilch zusammen mit den Beeren in den Mixer geben und gut vermischen. Anschließend etwas frischen Ingwer zermahlen und dazu geben.

Mango Frucht Mix

Zutaten:

50 g Quark
30 ml Sahne
Eine halbe Mango
1 EL Olivenöl

Die Mango wird zuerst geschält, entkernt und zerkleinert. Dann die Mango, den Quark, die Sahne und das Olivenöl in den Mixer geben und gut mischen.

Birnen Smoothie

Zutaten:

2 Birnen
2 Bündel Schnittlauch
1TL Leinöl
Ein kleines Stück Ingwer
20 ml Zitronensaft
Wasser

Die gewaschenen Birnen und den Schnittlauch in kleine Stücke schneiden und mit dem Leinöl, dem geschälten klein gehackten Ingwer dem Zitronensaft und Wasser in den Mixer geben und gut mischen.

Apfel Smoothie

Zutaten:

Ein Apfel
Eine halbe Gurke
Petersilie
Ein kleines Stück Ingwer
20 ml Zitronensaft
1TL Leinöl
Wasser

Den gewaschenen Apfel, die Gurke und die Petersilie in kleine Stücke schneiden und mit dem Leinöl, dem geschälten klein gehackten Ingwer dem Zitronensaft und Wasser in den Mixer geben und gut mischen.

Pfirsich Smoothie

Zutaten:

Ein großer Pfirsich
1TL Kokosöl
50 ml Sojamilch
Eine halbe Zucchini
Wasser

Den Pfirsich waschen und klein schneiden. Die halbe Zucchini ebenfalls waschen und in kleine Scheiben schneiden. Alles zusammen mit der Sojamilch und dem Kokosöl in den Mixer geben und vermischen.

Aprikosen Smoothie

Zutaten:

Zwei große Aprikosen
1TL Kokosöl
50 ml Sojamilch
Ein halber Zucchini
Ein kleines Bündel Schnittlauch
Wasser

Die Aprikosen und die Zucchini waschen und in kleine Scheiben schneiden. Den Schnittlauch waschen und klein schneiden.
Dann zusammen mit dem Kokosöl und der Sojamilch in den Mixer geben und vermischen.

Limetten Smoothie

Zutaten:

Eine Limette
Eine halbe Gurke
Ein wenig Petersilie
Ein kleines Stück Ingwer
20 ml Zitronensaft
1TL Leinöl
Wasser

Die Limette schälen und klein schneiden. Die Gurke waschen, in Scheiben schneiden. Die Petersilie waschen und klein hacken. Dann alles zusammen mit dem zuvor geschälten und klein gehackten Ingwer und Leinöl in den Mixer geben und gut vermischen.

Pur Green Smoothie

Zutaten:

Eine halbe Zitrone
Eine halbe Zucchini
Eine halbe Gurke
Ein wenig Petersilie
Ein kleines Stück Ingwer
20 ml Zitronensaft
1TL Leinöl
Wasser

Die Zucchini, die Gurke waschen und in keine Scheiben schneiden. Die Zitrone schälen und die Hälfte in kleine Scheiben schneiden. Die andere Hälfte auspressen und den Saft in den Mixer geben.
Die Petersilie zerhacken, den Ingwer schälen und in kleine Stücke schneiden. Alles zusammen mit dem Leinöl in den Mixer geben und gut vermischen.

Ergänzende Maßnahmen

SchwarzkümmelöL

Dieses Öl wirkt entzündungshemmend. Es konnten bereits wachstumshemmende Wirkungen bei Krebszellen beobachtet werden. Das Immunsystem wird bei regelmäßiger Einnahme gestärkt.

Salbei

Salbeiextrakte sind in der Lage, die Bildung von Krebszellen und deren Blutversorgung einzuschränken.

Kapuzinerkresse

Die Inhaltsstoffe dieses Krauts wirken antibakteriell, antiviral und sollen Krebs - hemmende Eigenschaften besitzen.

Rotklee

Rotklee enthält wertvolle Inhaltstoffe, die Enzyme hemmen, welche für die Ausbreitung von Brustkrebs mitverantwortlich sind.

Trinknahrung – nur im Notfall

Stark untergewichtige Patienten erhalten von ihren Onkologen oft ein Rezept für kalorienreiche Trinknahrung. Das mag in einigen Fällen notwendig sein, ist aber immer nur eine der letzten Möglichkeiten um überhaupt Nahrung zu sich zu nehmen. Natürlich hängt dies immer von den jeweiligen Umständen ab, wie es einem Patienten geht, ob die Zufuhr von herkömmlicher Nahrung möglich ist.

Betroffene sollten derartige Trinknahrung möglichst nur zeitweise einsetzen und sich nicht an den dauerhaften Konsum gewöhnen. Sie eignet sich zur Überbrückung akuter Mangelzustände und teilweiser Ergänzung der normalen Nahrung.

Achtung:
Falls es nicht anders geht, sollte auf den Inhalt der Trinknahrung geachtet werden. Es gibt Varianten mit vielen Kalorien und andere mit dem Fokus auf Eiweiß. Je nach Mangelzustand sollte dann ergänzt werden.

Fast immer enthält Trinknahrung viel Zucker. Viele Produkte haben einen sehr süßen Geschmack, an den sie sich besser nicht gewöhnen sollten.

Anders verhält es sich mit Eiweiß-Nahrungsergänzung in Form von neutralem Pulver, das in jedes Getränk oder in Speisen gemischt werden kann. Die Zufuhr von Eiweiß in pflanzlicher und synthetischer Form ist sinnvoll.

Wann immer es geht, sollte jedoch auf frische ursprüngliche Lebensmittel zugegriffen werden. Das ist die gesunde Variante, welche auch für den Magen - Darmbereich am besten geeignet ist.
Die Konzentration auf natürliche Nahrung ist unglaublich wichtig, denn Patienten benötigen die Inhalte der ursprünglich gewachsenen Produkte und deren Kombination an sekundären Pflanzenstoffen.